生死皆自在

——聖嚴法師談生命智慧

聖嚴法師 著

【編者序】

一份塵封的書稿

儘管時代會變遷、空間會變動，但是從古至今，人類心中的問題與矛盾根本上是一樣的——恩怨情仇、喜怒哀樂、生老病死。居住在深宅大院中的富人，與市井小民同樣會煩惱、會疑惑，只是換了不同的內容與對象。總括來說，似乎人類面臨的兩個最終的大哉問就是：生命為什麼？人生怎麼過？

本書即是關於這兩個議題的問與答。書中，聖嚴法師為一個人對自己的生命與人生所可能產生的疑問，提出了他的智慧觀察與解決之道。全書內容分為五大篇，分別探討人們在生命各階段所關切的議題：從生命的根本價值談起，至教養下一代、個人欲望與生活方式的檢討、老年生活的規畫，乃至死亡的意義、過程與身後事等，都有發人省思的提醒。

聖嚴法師自小體弱多病、貧窮失學，經歷過戰爭、走過物資最匱乏的時代，曾經義無反顧堅持理想、居無定所，也曾經獲得高學歷卻無法發揮所長。法師一路走來，雖艱苦卻踏實，他用以克服逆境的法寶，便是無條件的感恩之心、對佛法的信心，以及佛法的方法與觀念。因此，法師是以自己的生命經驗來勉勵我們：不得志時或許是時機未成熟，天無絕人之路、現在不能做大事就做小事、沒有辦法賺大錢就賺小錢。這些建言在今天這個人心惶惶、經濟衰退的年代，更顯得實用。

本書原訂二〇〇九年三月出版，因聖嚴法師於出版前圓寂，故而暫緩出版。今因聖嚴教育基金會舉辦「無盡的身教——聖嚴法師最後的一堂課」座談會，當大會討論應送哪一本書與三千位報名聽眾結緣時，此本已進入最後編輯階段的書，才又從儲藏櫃中拿出。本書是整理自新型態《大法鼓》節目中的開示，再次審閱，宛如法師就在眼前，爲我們開示從生到死的生命智慧。

病中錄影的聖嚴法師，對製作人的提問，雖無深奧的佛法義理，卻是他老人家生命最後的開示。但願讀者能跟隨著法師的諄諄善誘，打開心眼、轉化心念，在風雨中仍能安穩向前，窺見生命的美麗風光、創造一段最有意義與價值的人生旅程。

法鼓文化編輯部

目次

正確的人生態度

人，為何而活？

問：如何在生命的逆境中，將受傷、瞋恨的心轉為感恩心，並感恩傷害我們的人？

答：感恩的意思是說，我從對方身上學到了經驗，使得自己更成長、更提昇。受到傷害，是很痛苦的一樁事，被折磨也是很痛苦的，但是往往也是鍛鍊自己意志的時候。在這樣的狀況下，還能一步一步走得穩，跌倒了再站起來，這種人是最堅強的。

我年輕的時候，批評我、打擊我的人很多，當時我覺得不舒服，也眞的有一點埋怨。但是他們看不起我的時候，我就想到這是我的業障，如何消業則是我的功課。

譬如當年我要去日本留學的時候，原本已經有一位馬來西亞華僑準備提供我全額的補助，讓我在日本能好好讀書。結果有一位法師跟他說了一些話，說資助我等於害了我，因為到日本留學的出家人幾乎都還俗了，這位華僑因此就不資助我了。那時，我真的感到非常痛苦，後來想一想，為什麼一定需要他的支持？如果他不支持，我就去不成了嗎？

最終我還是去了，我去日本的時候身上沒有什麼錢，只有一張飛機票和三個月的生活費，學費都還沒有著落就去了，心想到了日本以後自然會想出一些辦法的，因此鼓勵自己要堅持下去，後來我還是把書讀完回來了。

我回來以後，第一個想感恩的人，就是當時阻撓我的那位法師。

問：面對社會快速的變遷，強烈的物質誘惑，我們要如何在複雜、變動的環境中，建立有意義的生命價值呢？

答：我提倡的「心靈環保」目標，就是讓自己過得健康、平安、幸福、快樂，同時盡力而爲，讓周遭的人也能夠過得健康、平安、幸福、快樂。所謂的健康，就是身體沒有病痛，作息正常；心理健康則是不貪得無厭，也不失魂落魄，而是安於本分、盡分盡職，也就是安分守己。

什麼叫作快樂？快樂即是知足常樂，對於得不到的事不打妄想。雖然我曾以「有也好，沒有也好」這句話來勉勵大眾知足常樂，但這並不等於說最好是沒有，什麼都不要；而是說，基於因緣和自己的福報，當機會來的時候不放棄，成名也不放棄，有權也不放棄，可以用此名和權力來奉獻、服務社會。但是，如果是爲了一己之私而得到這些，這將會是痛苦的，又會因爲不滿足而變得貪得無厭，已經得到的很可能就會失去。

譬如錢財就像流水一樣，很可能今天還掌握在手上，明天就流掉了，地位、名譽也是一樣。古訓有云：「窮則獨善其身，達則兼善天下。」也就是說，自己的機緣很好，不僅是因爲個人的條件，還包括了這個時代的環境因素。有機會能夠站出來就兼善天下，使國家因爲自己而得到利益；如果自己的條件不夠，或者因緣還沒成熟，沒有輪到自己的機會，至少要保持健康、快樂而不失望，這就是幸福的人生。

「心靈環保」其實就是講這四個心靈指標，如果能夠朝著這些目標來過生活，人生的價值就非常正確。人生價值並不等於說賺多少錢，或是地位有多高。權、利、名、位、勢這五項不能代表人的價值，只能說是暫時擁有。如果我們失去了健康、平安、幸福、快樂，甚至使其他人因爲自己也失去了這些，人生價值就是負面的，而不是正面的了。

即使自認一生很有成就，有很多的財富和崇高的地位，但是如果身心失去了健康，經常感到不平安，還有什麼幸福和快樂可言？這是得不償失的，相較之下，知足常樂就很重要了。

問：如果我們把做義工當作人生志業，是不是可以創造出更多有意義的人生價值呢？

答：做義工可以讓自己幸福、快樂，它是沒有條件的付出，也沒有想到要爲自己得到什麼回饋或報酬，更沒有要爭名奪利、爭權奪位。因爲做義工而使他人感到快樂、獲得利益，社會得到平安、得到救濟，自己也就會很滿足。

人生的價值不在於權、利、名、位、勢，而是在於健康、平安、幸福、快樂。社會的福利事業、非營利事業或是公益事業，常常都需要義工幫忙，因爲政府做不到的事，則由非營利事業機構帶動來做。公益團體在即使沒有預算的情況下，也要做事來造福社會，雖然過程辛苦，但能號召義工的支持與投入，共同成就許多善事。

義工精神就是奉獻精神，並且不存分別心，對任何人都是平等的。將所有大眾當成未來的諸佛、現在的菩薩，爲他們做服務、奉獻，在奉獻中自我成長，如此，收穫更多、進步更快，這就是「利人便是利己」的道理。透過奉獻，也是在提昇個人的生命價值。

如何活得快樂自在？

問：常有人自覺能力差、力量小，對社會、家庭沒有影響力，而力不從心或放棄自我，如何轉變此一負面的人生態度？

答：佛經裡有許多故事告訴我們，雖然個人的力量很有限，可是當你有心要利益這個世界的時候，它就會產生力量。

像其中有一則故事：一隻小鳥看到森林發生大火，很多鳥獸都爭相倉皇逃走，不能飛走的、逃不掉的都被燒死了。此時小鳥發了一個願：無論如何都要去救火！於是牠用翅膀沾著湖裡的水，在失火的森林上面灑水。或許這是杯水車薪，緩不濟急，似乎有點不自量力，但是牠的願心感動了天地，因此降下一場及時雨，森林裡的大火就息滅了。

從這個故事我們體悟到，人只要還有一口呼吸，就不要對自己失望，因爲對自己失望就等於放棄自己；若選擇自殺，那是逃避責任。即使現在逃掉了，未來還是必須償還。

所以，我們遇到了問題或狀況，不要憤憤不平、憂愁苦惱，有時是時機還未成熟，這也沒有關係，現在不能做大事就做小事，現在沒有辦法賺大錢就賺小錢。俗話說：「天無絕人之路。」只要你有求生的意志，不管生病也好、窮困也好，都能夠生存下去。

問：人生的際遇總是起起伏伏的，然而我們總是喜歡站在高峰上，一旦走到谷底時，則是痛苦不堪！我們如何面對人生的谷底？

答：用現代的語言來說，我們可以從逆向來思考人生的谷底和低潮。就好像在旅行中，當你走到山頂時，再往前走一定是下坡，天底下哪有這麼多的山頂可攀？到了最高峰的時候要有自覺，知道接下來就是往谷底走了。相同的，當到了谷底時，往前走又會遇到另外一座山，又是邁向另一高峰的時候。

看別人站在高峰上，不要以爲上高峰是很舒服的，認爲登峰造極非常威風，事實上要上高峰之前的過程是滿辛苦的。對於已登上最高峰的人而言，自己心裡應該清楚，接下來必然會往下走，但心裡不是失意，而應該歡喜，告訴自己，這下子又可以省一點力，準備要往下走了。因爲下坡比上坡輕鬆，只是當走下坡的時候，別人會看不到你，也沒有風光了，但還是要不斷努力。

既然到了谷底，不妨欣賞一下谷底的景色，山是青的，水是綠的，山谷是幽靜的，空谷也會有跫音，這和山頂的風光是截然不同的。欣賞完谷底的景色之後，我們又要準備往上走了。人生的旅程就是這樣起起伏伏、連綿不斷，人生也就是因此而精彩，因此而不斷成長。

問：《道德經》裡提到「物極必反，禍福相倚」的道理，人在世上，是否沒有絕對的好與壞？

答：如果希望人生一帆風順，永遠站在高峰，那是不可能的事。即使是古代的皇帝，從選爲皇太子到登基爲止，難道都沒有經歷過低潮嗎？皇帝這個位子並不好坐，從當皇太子的時候就要接受一般人沒有受過的訓練；做了皇帝即使大權在握，除了要鞏固自己的權位，還要完成自己的理想，這些都必須花費很多心思，也沒辦法高枕無憂。

所以說，就算是全世界最有權勢、最有錢的人，他們的人生也都會遇到低潮。人生不可能永遠是直線上升的，生命過程中的波波折折要視爲一種磨鍊，是成長的必經過程；如果沒有勇氣面對，不但錯失成長的機會，也將會煩惱重重。

問：煩惱人人都有，應如何處理自己的煩惱呢？

答：要除煩惱，談何容易！在沒有斷煩惱之前，唯有用佛法的智慧來幫助自己化解煩惱。佛法的智慧是什麼呢？簡單地說，只有兩個觀念：一個是「因緣」，另外一個是「因果」。

任何一項事情的成敗得失、聚散離合都是有因有緣，由許多因素促成的，這一切不是自己能夠掌控，我們只是其中的一分子。既然不能掌控，就不需要對自己失望，因爲其他人也是沒辦法掌控的。所以做不到的時候，不需要認爲自己無能。

因緣也就是時機，包括自己的能力、健康，以及環境裡的種種現象，例如自然現象、社會現象、家庭的倫理現象等。我們的身體也好、思想也好，都是受了這些環境的影響而產生變化，這就是「因果」。當許許多多的因素湊合起來完成了一件事，已經有了結果，那只有接受它了。

用佛法來講，碰到問題，做任何事的態度，可以用四句話來運用，即：面對它、接受它、處理它、放下它，也就是「四它」。勇敢面對問題，接受現況，看應如何處理就處理，處理之後就應放下；放下不是放棄，而是處理之後，不要牽掛成功與否。因爲成功了不必沾沾自喜、得意忘形，失敗了也不要覺得灰心喪志。只要面對事實、接受事實，就不會老是自怨自艾。

問：生病住院對多數人而言，是相當痛苦的事，如何轉換心境而能活在當下？

答：「活在當下」是面對現實，現在處於什麼階段，就要把這個階段的角色扮演好。所以，對於生病而住院的人，就不要住在醫院裡還想著：「如果不是住院，我現在可以做很多的事，可以賺很多的錢。」如果一直這樣想，不就是自尋煩惱嗎？既然已經住院了，就面對這個事實，活在當下，把病治好爲目標，將害病當成一個機緣，平常忙得沒有時間修行，現在躺在病床上就可以多念幾句佛號了。

或許有人覺得躺在病床上很痛苦，那就應該利用這個機會體驗一下生病的滋味，增長慈悲心和同情心。出家人說：「比丘常帶三分病。」這是指受了比丘戒的法師常常帶著三分病痛，能成爲助道的因緣，因爲自己有病痛而能心存慈悲，看到其他病人時，比較能體會他們的病苦，會想辦法協助，這就是慈悲心。

要逆向思考地將生病視爲助道的因緣，不要把它當成倒楣的事，能夠這樣想，那麼就能病得很健康。

問：人與人之間的相處，常常會希望自己對待別人幾分，別人也要同樣地回饋自己，認為這樣才公平。請問這種觀念正確嗎？

答：人與人的對立是與生俱來的，所謂愛恨交加，因爲愛的時候，若沒有給對方全部，彼此之間就會產生恨；就算給了他全部，他或許還是會質疑：「你是不是百分之百眞心愛我？你現在所說的是不是在欺騙我？」戀愛中的情侶或是夫妻之間，經常會問這些無聊的問題。

此時，應該先問自己是不是眞心全部給了對方，就是將人心比己心，將己心比人心。在愛別人的同時，你希望人家百分之百的愛你，而你是不是百分之百的愛對方呢？

如果回答是肯定的，既然你是百分之百的愛著對方，你又何必還要問他究竟是不是百分之百的愛自己？愛是沒有條件的。如果說你不愛我，那我也不愛你，彼此之間變成一種條件交換，並不是所謂百分之百的愛！

有人說不是冤家不聚頭，中國人爲什麼稱夫妻爲小冤家，是因爲彼此之間時常分不清楚究竟是恩愛，還是怨恨、嫉妒？甚至猜忌與懷疑也全都混雜在一起，形成人與人之間的糾葛。

眞正的愛，應該是沒有條件的，如果百分之百的愛人，就不會有懷疑，也沒有嫉妒和怨恨。

所以，基督教說的「神愛世人」是沒有條件的，因爲神愛世人，所以我們一定也要愛世人。對方對我好不好，這是他的事，我要愛人，這是沒有條件的，也就沒有對立的問題存在了。

問：父母對子女的愛，是不求回饋、一生無怨無悔的。如果我們對世人都抱持著類似的心意，是否世界上冰冷的恨都能化成溫暖的愛？

答：父母對子女的愛多半是沒有條件的，雖然有「養兒防老，積穀防饑」的說法，這是古代人希望年老的時候有孩子來照顧餘生。大部分的現代人沒有這種想法，養兒只是爲了傳宗接代，像父母生養我們一般，一代一代地傳下去。

如果愛沒有條件，彼此之間互動時只有付出，而沒有想要得到回饋，這樣就不會由「愛」產生「恨」或「怨」。因爲如果彼此沒有想要求得回報，而覺得我對你好是自己願意的，對方接受，就是我的快樂；如果對方不接受，也沒關係，尊重對方的需求和想法。這樣聽起來好像很傻，也沒有交換的條件，但這是最健康的辦法，否則彼此之間就會產生恨了。

問：凡走過必留下痕跡，發生過的事情還是會在心裡留下印記。法師要我們將人生的困頓、逆境當作修行，我們應如何以積極的心態去面對未來，而不會受到陰霾的影響？

答：人要前瞻，要往前看而不要往後看。所謂的陰影，有的是自己犯的錯誤，不過那已經過去了，不需要再提起，更不要把自己困在相同的情境當中。或許其他的人會跟你翻舊帳，但是自己不要算自己的舊帳，可以檢討，但是不要覺得痛苦。因爲過去的錯誤是因爲愚癡，那時候沒有智慧也還不成熟，現在年紀大了、經驗也多了，只要不再重蹈覆轍就可以了。

俗話說：「失敗是成功之母。」不要老是處在失敗的心情下，而要面對自己過去的事實，不管過去是不是有人扯我的後腿、是否被他人一棒打倒，都不要再陷入被人打倒的情緒中，繼續走自己的路，這才是最重要的事。

此外，也不要回頭報復，像《基督山恩仇記》（*Le Comte de Monte-Cristo*）那樣，有怨報怨、有仇報仇之後才消氣，這樣自己就沒有辦法往未來的路平順地走下去了。要時時想著自己的因果由自己承擔，怨家宜解不宜結，對於他人給予自己的折磨，唯有心存感謝才能化解怨恨。

譬如有些受刑人，一生沒有做過壞事，但是卻一失足成千古恨，犯一次錯誤就進了監牢，服刑期滿出獄後還是要面對現實生活。對於過去所犯的錯，已經接受懲罰坐過牢了，被人看不起沒有關係，只要不再犯錯，並且往前看，終究可以走出一條路來。經過長時間的反省，再加上自己也做了一些修養的工夫，所謂「士別三日，刮目相待」，過去是過去，現在的自己已經不一樣了。

自殺，真的能一了百了？

問：一般人認為，活著才有意義，死了就什麼都沒有了。是什麼樣的原因導致人們會走上絕路？

答：現代人的生活容易緊張，有些人對自我的期望太高，但因爲能力不足或是有能力，卻時不我予，以致於到處碰壁。這些人因爲眼高手低或是運氣不好，眼看別人成功，而自己卻失敗連連，失望之餘，也就漸漸地放棄了自己。

還有一些人則是對未來感到茫然無頭緒，因爲想得太多，頭腦沒辦法休息，弄得自己神經衰弱；或是因爲包袱很多、願景很大，結果有志難伸，感覺自己英雄無用武之地，於是對世界感到失望。

這種種問題造成頭腦不停地思考，漸漸地出現幻覺，甚至聽到有個聲音對自己說：「你去死吧！死了就沒事了！」本來只是心裡的一個念頭，過度幻想之後就變成眞的有那麼一回事。事實上，這只是自己矛盾的心在跟自己對話，頭腦裡的聲音甚至還會告訴自己尋死的方法，這種狀況久了之後，很可能就走上自殺一途了。

問：近年來，自殺已成為台灣十大死亡原因之一，許多人在陷入低潮時選擇以自殺來解決生命。此時，他們的心態究竟為何？

答：通常會自殺的人，是因爲自認爲已走投無路，沒有選擇餘地而自殺。

根據醫學的研究，每個人從小到大，甚至到老，幾乎都曾有過自殺的念頭，有的人是在嘴上說說就算了，有的人卻說著說著就採取了行動。這是因爲對自己失望、對自己所愛的人失望，或是對整個大環境感到失望。

譬如戰國時代的楚國大臣屈原，滿腔的愛國熱忱卻有志難伸，對當朝的君主感到失望之餘，最後選擇投汨羅江自殺。也就是說，當一個人覺得這個世界已經沒有希望，活著實在沒有意義時，而選擇了死亡結束生命，以爲所有的苦悶、失望與無奈也終將結束。

問：如果每個人都能明白自己對社會的責任和義務，就不會輕易把死掛在嘴邊，畢竟死不能解決問題。一個人該盡的責任，會因生命消失而一筆勾消嗎？

答：在法律上，人死後是沒有辦法再去追究責任的，可是就佛法的因果觀而言，該受的苦沒有受完，該盡力奉獻的還沒有付出，這是責任未了！本來應該要受的苦難，卻因爲還沒有受就死了，就是逃避責任。

特別是對佛教徒而言，生命一定有業報和因果規則的存在，我們的生命並不會因爲這一生的結束就沒有了。它只是一個過程，在這個過程中沒有完成的責任，到了下一生仍要承擔；這一生逃掉了，下一生就必須連本帶利地償還。

我們生活在世界上，沒有人是不需要負責任的，就算你一無所有，只要還活著、還有一口呼吸，至少能有個心念在未死之前，爲全世界祈禱，祈求全世界的人能夠有飯吃、能夠活得健康。這樣的好心有沒有力量呢？有的，這就是心念的力量，它能夠感動護法龍天、感動諸佛菩薩。

問：當媒體大量報導自殺的消息時，民眾會受到影響，以自殺來逃避困頓和挫折。我們面對這樣的情況，如何學會不盲從、不心隨境轉？

答：我聽說網路上有邀約一起自殺的事情，原本互不相識的人，在網路上號召後就成了「自殺族」。更令人擔心的是，網路及電視媒體爭相討論如何自殺，甚至還有專書研究自殺，把自殺的方法說得清清楚楚，這類書刊、訊息看多了，民眾一定會受到影響。有些人可能是爲了愛情、學業、財務或健康等問題而想自殺，有些人則是莫名其妙，純粹因爲好奇而去嘗試。

此外，我們也不會因爲閱讀這類書籍或看了這些節目，就能夠幫助別人不要自殺，只能盡量避免接觸媒體的渲染，無論是文字或是影像畫面，這些訊息好比病毒，像SARS病毒一樣會傳染。

現在自殺的死亡比例，比SARS病毒流行時還要嚴重！所以，要把自殺當成是一種流行病，而且是危險性很高的傳染病毒、思想病毒，我們除了要在社會大眾間消毒，個人方面也要想辦法防毒。

問：現在資訊發達，要徹底防治自殺這種毒恐怕不容易。對於青少年的心態及自殺防治，我們可以怎麼做？

答：要從認知上去再度定義，像自殺這種風氣，我們應該把它當成是流行性，而且是高危險性的傳染病。我們先把這個認知植入我們的腦海裡，就不會受到影響了。

十幾二十歲的人，會覺得自己的年紀已經很大了，也覺得自己活得夠久了，如果得不到父母的關心，或者抗拒父母的關心，再加上學業成績不理想，這個時候如果再遇到不順心的事，就會覺得父母不可靠，好像連自己也靠不住。

此外，本來寄望有個異性朋友可以當作依靠，結果出現了第三者，或是沒有特別的原因導致分手、被對方拋棄，這時候他會對自己失去信心，對人生的未來充滿疑惑，在這個情況下可能就會自殺。

此時，父母、老師以及大眾媒體，要教導孩子們在遇到挫折時應該怎麼面對，從各方面來輔導孩子。還有，爲人父母眞的要用心，養孩子比生孩子困難，所謂：「養不教，父之過。」教育孩子是不能掉以輕心的。

問：若父母能成為孩子的好朋友，孩子在外面遭遇困難，回家就有人商量，就算是有挫折，也能因為親情的關懷得到心靈的撫慰。可惜親子間往往有年齡的差距，反而造成溝通困難，這真的是無法跨越的鴻溝嗎？

答：現在有些父母不知道怎麼教孩子，只會生養卻不會教養。一般說來，孩子與父母相差至少二十歲，這中間的差距很大，雙方的想法很不一樣。若用父母的想法教導孩子，孩子會心生叛逆，父母的心態應該是試著把自己的年齡降低，了解孩子接觸的東西和想法，和他們做朋友，跟他們打成一片。這樣親子之間才能相處順暢，這是最好的相處之道，孩子也會覺得有安全感。

孩子若是對父母失望，最大的叛逆就是離家出走，或者是不和家人講話。極端的孩子可能會想說：「我的身體是你生的，既然你這麼愛管，就把身體還給你，我的心你管不到，我不要我的身體就可以獲得自由。」於是他就選擇了自殺。

所以，父母要好好照顧孩子，否則不知道什麼時候會發生狀況。若能以愛關懷孩子，以朋友的態度和孩子相處，即使想法有差異，也不會有大的問題。

問：不論是有權勢或是普通的人，都有遭遇困境的時候。如果是我們的親朋好友遇到了困境，該怎麼幫助他呢？

答：陪伴和傾聽是不二法門！當一個人遇到困境、準備放棄自己時，他是不會跟別人講的，如果仍然願意向他人傾訴，就該慶幸還沒有到達自殺的程度。準備放棄自己的人，對自己失望、對現實世界失望，覺得親人幫不上忙，或許他心裡還會可憐他人，認爲世界已經糟到了這種地步，還有人能過得這麼快樂，眞是無知、愚癡！

有的人就是如此地憂國憂民，雖然他不是政治人物，但是他對國家、政治感到失望，想要移民國外。當他眞的移民後，卻發現其他國家的政治似乎也不清明，最後覺得這個世界已經沒希望了，於是認爲「在這個世界跟其他人沒什麼好談的」，而選擇了自殺一途。

有自殺念頭的人，事實上已經是心力交瘁，有些人外表看起來很健康，旁邊的人也很難察覺。然而，通常這種狀況是慢慢發生的，如果有人原來的性格不是那麼沉悶和不在乎，但是若警覺到他好像跟以前不一樣，變得什麼都不在乎時，就要留心了。此時要找他信任的人來開導他，或者找心理醫生幫忙。

心理醫生多半會給予鎮靜劑等藥物，因爲這時候他的腦子想個不停，自殺的念頭一直存在，所以藉由藥物讓他的頭腦不再那麼敏銳，自殺的念頭就會漸漸消失。等到身體狀況好一些，睡眠正常、頭腦裡的雜念少了之後，就會比較清醒，這個時候再來談，他比較能夠聽得進去。

然而，用佛法有沒有辦法改善呢？此時我們只能替他念佛、功德迴向，讓他的福德增加，或許能夠有一點點轉機。但是千萬不要相信江湖騙術，免得勞神又傷財。

如果情況眞的很嚴重，應該送醫治療，以免延誤治療；等他身體復原之後再用佛法開導，勸告他人生在世不可能一帆風順，也不可能是平等的。每個人都有過去世，也有未來世，只是因緣不同，因果不一樣。從這個角度跟他談，如果聽得進去還有轉機，如果聽不進去，家人就需要多付出一些耐心陪伴他。

培養良好的品格

父母應該怎樣教養孩子？

問：何謂教養？有鑑於近年來整體社會風氣愈來愈混亂，法師一再強調心靈環保，是不是也談談教養和教育的異同？

答：教養是人格的修養和熏陶，教育則是知識的傳授和技術的訓練，教養和教育彼此間有關係，但是範圍和領域不太相同。

譬如一個小孩子講話沒有禮貌，人們不會批評他沒有受教育，而會說沒有教養。同樣地，一個團體如果不能夠呈現出這個團體的特有形象，遵守團體的特有規範，這種表現不是沒有教育，而是沒有教養。換句話說，就是這個團體沒有精神的修養，沒有精神的指標，只是集結在一起的烏合之眾。

組成這個團體的成員，也許都是知識分子，如果這些人的品德不佳，人格方面的修養也不足，這樣的團體是非常糟糕的，成員彼此之間也容易產生種種不必要的摩擦，這些都是因爲沒有教養的關係。

人和動物不一樣，動物是本能的表現，而人是理性的。教養很好的人與他人之間的相處，一定有自己的分寸和分際，會拿捏得很好，不會隨便生氣，也不會隨便罵人，更不會隨便在團體裡興風作浪，那就是教養。

問：「教養」好像做來很容易，但為什麼現代的父母都做不好呢？有什麼方法能夠檢視父母的教養資格？

答：我們這個時代有一個問題，許多人自己都還沒接受到好的教養，就已經爲人父母。這種情況下的父母，他們只會生養，卻不會教養，是很可憐的。

家庭的經濟背景和家庭的教養沒有絕對的關係。我看過好幾個大家族，在台灣是非常富裕的企業界龍頭，他們把孩子教得很好；但是也有企業界的大亨，對父母不孝順，兄弟姊妹間因爭產打官司，這樣的作爲可以說就是從小沒有好好給予品格的培養。

這些富豪的第一代可能是暴發戶，拚命忙著賺錢、忙著事業，沒有時間關心孩子的教養問題，只要小孩有錢用、讀好學校，找好老師教導他們好的技術、好的知識，孩子成年後能夠接掌經營自己的公司事業就夠了。這樣，表面上看起來滿體面的，但是因爲沒有倫理的教養、沒有道德的教養，到了第二代、第三代，這個企業就會走下坡，家族也會走下坡。

因此，有一句俗話：「富貴不過三代」，原因就是因爲沒有注重教養問題，如果有教養，多半不會這樣。

問：教育學者常憂心，媒體上的公眾人物，常有負面形象，如此對下一代的影響很大，做父母的該怎麼導正孩子的行為？

答：父母所扮演的角色是非常重要的。雖然這個社會上有關政治界、工商界、演藝界，以及各類公眾人物的媒體報導以負面訊息居多，正面報導較少，但如果父母能多加留意，孩子並不會受到太大的影響。

孩童的模仿力很強，父母要留心孩子在接收電視或報章等各種傳媒時，學得很快。不過，做父母的也不要老是監視孩子在看什麼、聽什麼，不需要採取緊迫盯人的方式，順其自然地在生活中導正孩子的行爲舉止就可以了。

如果他們模仿不好的行爲，並在日常中表現出來，父母一旦發現就要馬上勸導。不要一聽見或看到，就一個耳光打下去並斥責他，如果這樣處理，父母自己就變成沒有教養的人了。

父母有教養，對小孩子順勢利導，帶領他們走有教養的路，就是爲何好的父母總是能教養出好的孩子。

問：現代的孩童從小豐衣足食，卻不一定有適當的教養，對他們個人以及成年後所組成的社會國家，會有什麼樣的影響？

答：教養對人而言非常重要，如果小時候沒有良好的教養，成年後將更難接受教養的熏陶，而且不容易融入有教養的社群中。

這些從小沒有受到良好教養的人，或許知識很豐富、技能高明，能夠在社會上奮鬥出一番事業，或進入政治界服務人群。但是，這些教養不足的人一旦成爲社會主流，這個社會將有可能向下沉淪，因爲上下尊卑、倫理的觀念都沒有了，甚至導致其他國家民族對這個族群社會的輕視或排斥，將其排擠在他們的世界主流社會之外。

像這樣的人是不是還有救？如果被排斥、排擠了，自覺很慚愧而知道反省，此時開始接受教化，他的處事態度和觀念還是可以被矯正。如果沒有教養的一群人成爲社會的主流、中堅分子，那麼這個社會就很悲哀了。

倫理是吃人的禮教？

問：倫理和教養之間有關係嗎？請法師說明教養的重要性，以及如何正確教養小孩？

答：教養一定要從小培育，教養不一定是教育知識，而是教待人處事的分寸、做人的基本規律，或者是規範。而倫理就是道德，道德即是一種規範。倫理是盡分盡責，守自己的本分；道德是不傷害他人，不讓社會因自己而損失、受害或困擾。

沒有倫理觀念的人，一定是沒有道德的人；沒有道德的人，想要他遵守倫理觀念也很難。兩者之間的關係密不可分，而且倫理的思想和道德的思想，在友倫是屬於同一個範疇的。

貧窮、沒有知識的人，不一定沒有教養，而有知識、能力很強的人，也不一定有教養。以我的家庭爲例，父母是不識字的文盲，可是我從未目睹他們當著孩子的面爭吵。有時難免拌嘴，但不會演變成惡言相向，拌過嘴以後還會彼此說聲對不起，這樣的身教對小孩的影響非常深遠。

我的父母很忙，家務事以及在外的工作，已經使他們忙得不可開交，家裡小孩又多達六、七人，根本無法好好一一照顧。可是，教養孩子並不困難，父母隨時對我們進行機會教育，只要一看見或聽到孩子有不禮貌的言語或不合理的行爲，他們就會馬上糾正。

我的父母不講重話，也不會馬上給一個巴掌。當他們聽見小孩子講粗話，就會說：「孩子，你這樣說粗話，我們做父母的都會丟臉……。」我們一聽父母這麼說，會覺得不能讓父母丟臉，也就不講粗話了。

我的父母教導我們兄弟姊妹之間要互相謙讓，像如果我們一起爭玩具、食物，或者爭搶什麼東西的時候，父母一定會對我說：「你的年紀小，要尊敬哥哥和姊姊，不要跟哥哥、姊姊搶。他們的年紀比你大，做的事情比你多，應該多得到一些，並且得到好的。」然後會告誡兄姊：「你們是哥哥、姊姊，竟然不知道如何照顧和禮讓你們的弟弟，眞是糟糕！這樣子會讓人罵說父母沒有教養。」我們只要聽見父母會被別人指責說沒有教養，再怎麼樣也要看起來像有教養的樣子。

尤其是在客人面前，或者在外面與其他孩子在一起時，父母一定會特別注意，當孩子沒有禮貌的時候，會馬上走過來說：「你剛才這個樣子不對，要向別人說對不起，趕快去說對不起。」就因爲這樣，我們這些孩子都被教得很好。

所以，窮人家的孩子，不一定沒有教養，教養其實沒有什麼太大的學問，也不需要花太多的時間。只要父母用心，當看到孩子不當的言行，隨時點一點、提一提，讓孩子覺得有尊嚴，覺得自己被人看得起，並且受到別人重視，他就會自重了。

問：e化的現代社會，網路知識與資訊無法深耕教養觀念，許多人也不接受倫理的傳統，對此現象法師有何看法？

答：當今社會有人認爲倫理是吃人的禮教、是一種框架，讓人不舒服、不自由，所以要廢除倫理、破四舊。

在台灣，雖然沒有講倫理是吃人的禮教，也沒有說要破除四舊，可是只要講到禮教，大家都會覺得厭煩。那是因爲認定禮教是糟糕的、守舊的行爲，跟不上時代，應該要廢除。如果倫理眞的成了死板的禮教，就會變成統治階級的工具，可是孔子講的倫理並不是爲了統治階級設立的，而是講人與人互動的禮教。

譬如在僧團裡，倫理分得很清楚，共分為：比丘、比丘尼、式叉摩尼、沙彌和沙彌尼等五個層次。在僧團一定要尊上，視年齡、德行、戒臘、職務的位階，還有道德。道德的標準是他對人貢獻多、不傷害人，對人有禮貌。此外，年紀較長者不可以看輕年輕的人，而要尊重、照顧年輕人，這些都是道德中的教養。

現在台灣社會，一般人對於倫理的觀念都很模糊，許多人認為只要沒有存心做壞事，也沒有存害人之心，那就是一個好人。但是，沒有存心做壞事，沒有存心做壞人，就眞的是好人嗎？雖然沒有心存惡意，可是表現出來的卻是傷害人的語言、動作，讓人不快樂、不平靜或痛苦，那麼即使是無心，依舊傷害了別人，也就是沒有教養。

有教養的人會有分寸，無論在什麼場合，不應該說的話不會說，不應該做的事不會做，不應該有的動作也不會表現出來。他會隨時注意自己的言行舉止是否傷害到別人、是否讓人感到痛苦或不舒服、是否破壞彼此之間的感情和關係？一個人如果能夠隨時注意自己的言行舉止的話，就是有教養的人。

問：常有人以心直口快的個性為由，出口傷人或頻造口業而不以為意，這種情形和修養有關嗎？

答：有些人口無遮攔，想到什麼就說什麼，只覺得：「我是心直口快，想到什麼就要說什麼，路見不平就要剷，要抱不平！」雖然路不平是應該剷，但要看該怎麼剷，如果剷的時候弄得滿天都是灰塵，那就不行；如果剷的時候，能讓大家都覺得剷得好、剷得歡喜，就是很成功、受歡迎的作法。

當我們打抱不平時，要是弄得四周的人都烏煙瘴氣的，就該思考如此做是否正確？所以，心直口快不是直言直述，也不是直心，而是沒有教養。有教養的人，話到嘴邊會先想一想，就像有人說：「話到嘴邊留半句。」把話說出口之前，先想一想這話該不該說？說的時機對不對？自己的身分能不能說？說了以後有沒有用？是正面的還是負面的？這些都想清楚了再開口、再行動，這樣的行誼，就是修養。

問：在企業中，認為衝突和競爭不一定是壞事，我們應該以什麼樣的正面角度和觀念去看待它？

答：現在台灣社會裡常發生各種不同的衝突，譬如家庭裡面有父母、兄弟姊妹間的不和，老年人和年輕人有代溝、婆媳之間有嫌隙；社會上則有族群間、政黨間、利益團體之間等很多不同的衝突。

成功的商人都會自詡是可敬的競爭者，良性競爭無論對於社會或是自身都是好的。譬如當我們辦了台灣的第一所佛學研究所，我說一定要辦得很好，可是因爲沒有競爭者，很難曉得怎麼樣才是眞正的好。

後來有了另外一個研究所，在規畫和組織等方面都學習我們，並試圖超越我們。我在他們的開學典禮上告訴他們，我非常歡喜、非常高興有另外一個高品質的研究所成立。過去我們是孤掌難鳴，現在，我們可以用雙手鼓掌了。

我祝福這個研究所趕上我們、超越我們，而我們也會想辦法再超越對方。這樣相互競爭、相互超越，就能使我們台灣佛教的教育品質愈來愈高，這是好事，是可敬的對手！

社會上的各個不同的團體與民眾，如果都能這樣思考的話，這個社會就能欣欣向榮了。

問：法師可否舉例說明因自我敦促而改變個人性情的實例，幫助我們明白該如何學習修養和教養？

答：我記得已故的行政院院長孫運璿在他的傳記裡寫道，他是個非常耿直的人，個性很剛正。當他擔任台灣電力公司處長時，他在日記寫上：「從現在開始，身分不一樣了，我要好好謹愼語言，不隨便講話。」還有，他本來很嚴肅、少有笑臉，這時他也告訴自己，要開始練習微笑，見到人要自然而然地微笑。

他本來性子很耿直，總是急切地想表達自己的意見，從那個時候開始，他敦勵自己要多傾聽部屬、長官、同僚的意見，即使他們講的內容可能是浪費時間的，但是一定要聽完，不要別人還沒有講完，或者才講幾句話就馬上打斷對方說：「我知道你想講什麼，不要講了，我都已經知道了。」這是很不尊重對方、很沒有修養的做法。

這部分，孫運璿做到了，這就是修養。他本來的個性不是這樣的，但是因爲他的身分、地位不一樣，影響力也不一樣了，所以他學習著要有修養；也因爲這樣的努力，他一路走來，一直到擔任行政院院長，都是一位很傑出、愛民的政治人物。

沒有修養的人，不一定不能出人頭地，但是沒有修養的人一旦出人頭地，只會自害害人。而有修養的人，都能利人利己，像孫運璿先生這樣能自省、修正、進步，而爲人典範的人，即使不在人世，大家都還是很懷念他。

沒有人格修養、教養的人，或許一樣能夠呼風喚雨，但只能風騷一時，當他身歿後，大家對他的評價絕對是負面的。在這種情形下，就看自己要做哪一種人了。

目前社會的風氣，並不重視教養。政治人物以及媒體常常報導的那些公眾人物，如演藝界、文化界、工商界人士，表現出來的行爲言語都是負面多、正面少。這些對社會、人民會產生負面作用的公眾人物，讓我們覺得非常痛心！因此，我們除了呼籲每個人都應重視、培養品格外，也希望媒體多報導具有良好修養人士的言行，如此才能淨化人心、淨化社會。

問：當人民缺乏教養，對未來不抱希望，怎麼會對社會盡義務、負責任？如此扭曲的價值觀，可以透過教育來修正嗎？

答：台灣社會的孩童問題、家庭問題，都和經濟、政治、法律有關，與教育、治安當然更有關係。但是現在我們的教育，是不重視教養的。

過去的教育方式，老師和父母是站在同一條線上，教導孩子如何做人處事；現在的老師不敢教學生什麼是「做人」，只能夠教書本裡的知識。如果老師教倫理道德、教學生怎麼做人時，孩子們的父母可能會站出來反對。

家長為什麼會這樣？他們認為：「我相信我的孩子沒有問題，你為什麼要把我的孩子說成這樣？」家長多是維護自己的小孩，許多家長對老師很沒有禮貌，只是一味地袒護孩子，這樣一來，老師們就不敢教了。

例如有個非常調皮小孩的家長是學校家長會的會長，所以這個孩子認為背後有人撐腰而肆無忌憚，像這樣的教育環境，是很糟糕的。可惜的是，家長沒有自覺，學校和教育機關也常息事寧人，使孩子的教養出現了嚴重的問題。

因此我建議，是不是可以重新制定教育政策？是不是可以重新思考教育制度、教育法規？做整體的檢討，讓我們的社會共同重視這些問題，而不是只就哪一個部分來檢討、重視。必須要從整體來看待問題並解決問題，讓我們的社會、國家、政府的各部門一起通力合作，不是各自讓教育部來做什麼、內政部去做什麼……，這樣分散力量是不夠的，應該要整體規畫。

如前所說，這些教養上的問題，不但和政治、法律、經濟都有關係，更和教育、文化有關係。我們現在憂心忡忡，不知道該怎麼辦，如果政府人員沒有好的對策，民間人士應該要出來大聲疾呼，喚醒我們整個社會正視整體的解決對策。

如何與人和樂相處？

問：教養是日積月累的潛移默化，當家庭及社會中，成年人的所作所為成了負面示範，對孩子將可能產生直接的不良影響。對此，法師有沒有具體建議呢？

答：無論是家庭的問題或者孩子的問題，造成這些問題的原因，都是人與人之間的衝突。爲什麼會有單親家庭？就是因爲夫妻不合；至於貧窮的家庭，我不認爲那是有問題的，反而是負債的家庭較容易產生問題。還有，爲什麼有吸毒的父母？爲什麼有犯罪的父母？這些都是社會共同的問題。

當社會上的政治界、工商界人士，還有各種公眾人物，所表現出來的都是鬥爭、互相殘害的形象時，將會影響整個社會風氣，造成社會中最小的團體——家庭的不溫暖。譬如當家庭中成員因不同的政治立場發生口角，甚至打架、互相傷害，導致夫妻、親子因而反目，兄弟因而結怨。我們要反省爲什麼會變成這個樣子？因爲對立被挑撥而發生暴力衝突，這是我們這個社會最大的隱憂。

我們如果能夠讓整個台灣的族群和諧相處，就不用懼怕有人挑撥仇恨。這幾年我都在提倡「和喜自在」、「和平吉祥」、「和敬平安」，就是希望大家能和樂相處。如果人與人之間不和，做什麼事情都會有問題，大家就都沒有希望。但如果人與人之間能和諧相處，就可以大事化小、小事化無，即便遇到難關，也能安然度過。

問：法師提出和喜自在、和平吉祥、和敬平安等主題，是對現今社會風氣有什麼觀察嗎？

答：就以吸毒爲例，爲什麼有這麼多的人吸毒？吸毒是因爲覺得無聊、覺得無奈，因爲身心得不到安頓，覺得沒有希望，於是放棄自己，開始吸毒。

犯罪也是一樣，多數犯罪的人是放棄了自己，他對社會不抱希望、對國家不抱希望，對人類的未來也感到絕望。他覺得大家的德性都差不多，做官的也好，做生意的也好，大家的財富、地位都是搶來的，差別只在於他是用刀槍去搶，別人則是用技術去搶；他是明搶，別人則是暗搶，但是大家一樣都是在搶。

有沒聽過「竊物者是賊，竊國者是王」這句話？偷東西是賊，偷個國家卻成爲國王；當賊是要關起來的，但是當王就很威風了。當人們的觀念因爲社會風氣或政治上有問題而遭受誤導，社會上只剩下政客、沒有政治家的時候，大家會認爲反正政府也是這個樣子，我們既然無法影響政府，就做自己吧！否則，怎麼生存？

因爲沒有希望，也沒有前途，那就把心一橫，去偷、去搶的壞事樣樣都來，於是就犯了罪。這是因爲對自己的生命、對自己的未來、對所處的社會沒有希望也沒信任感，所以就變成了這樣；也可以說，我們現在這個社會之所以變成這樣，是受大環境的影響。

要改變這樣的風氣，需要大家一起來努力。

問：若社會大眾以學歷和生活水準來判斷一個人的教養或品德，實在有失公平。到底該用怎麼樣的觀點來評斷他人呢？

答：知識教育，並不等於人格教育；學歷程度，也不等於國民的道德水準。

以我個人爲例，我的父母連小學的門都沒有進過，他們都是文盲。在我的家族裡，沒有一個人小學有畢業，而我自己則算是勉強完成了小學四年級的教育。在那樣一個窮苦、落後農村裡的孩子，是不是會對國家造成負擔？

其實，農村的孩子非常有上進心，中華民族歷代的帝王將相，也多是來自民間中下階層。當上層社會和政府腐敗、墮落的時候，民間這些優秀的人才就可能嶄露頭角取而代之，也就是英雄多出於草莽。

現在所講新移民的下一代，也就是「新台灣之子」的母親，可能來自越南、印尼、菲律賓，或者是中國大陸，這些女士的出生地可能比較貧窮、清寒，但並不表示她們是無知、無能，或者是愚癡的。她們和台灣人民相較，只是語言、文字、風俗習慣和我們不同，但不等於她們是劣等國民。

所以，如果把外籍新娘當成次等國民，這是很糟糕的想法；從人權的立場來看，不僅說不過去也有失公道，需要檢討、糾正。

問：根據統計，外籍媽媽所生的小孩比例，已占台灣新生兒的多數。媒體稱這些孩子是「新台灣之子」，有人擔憂他們的教養問題會使台灣力量向下沉淪。這個說法正確嗎？

答：我不相信這種說法，也不認爲那樣的看法是正確的。

這些外籍新娘在台灣，並沒有受到良好的照顧，也沒有良好的移民政策來因應接續的問題，妥善安置外籍新娘或新移民。

既然外籍新娘生的孩子占新生兒人口比例愈來愈高，對我們來說，這是一份新的力量，我們應該好好思考，如何才能夠將這份新的力量變成新的活力。也就是說，我們身體裡面正在進行輸血，輸入新血輪進入台灣的社會，這是好消息，不是壞消息。

我們應該正面的思考，整個社會對她們是抱持怎麼樣的看法？在外籍新娘到台灣來以前就要想好，她們來了以後該如何照顧她們？如何讓她們適應這個社會？如何讓她們在台灣的社會立足生根並有歸屬感？這些都是需要民間和政府配合來做，籲請相關單位，共同訂出好的政策。

美國是全世界接受移民最多的國家，他們的整體發展是靠移民，所以美國很重視移民政策。他們的作法是在每個年度，會訂出一定名額的合法移民，然後評估這些移民到了美國之後，對美國的社會將產生什麼樣的影響力？如果是負面的影響力，他們會制定出新的政策來處理、彌補並改善，把負面變成正面的。這個是我們可以思考、學習的。

台灣現在雖然沒有移民問題，但是外籍新娘實際上就是移民，照顧好外籍新娘，同時也就照顧了外籍新娘生育的孩子。有的官員或是學者們，只想到如何照顧台灣第二代，也就是新台灣之子、新台灣人，爲什麼要捨本逐末？而不幫助他們的母親適應我們的社會和環境？要知道，小孩子是跟著母親的，先把母親照顧好，孩子就不會有問題；如果母親和孩子能眞正變成我們社會的一份子，到那時候還會分什麼彼此嗎？

美國的新移民大都會融入美國社會，在美國第二代的移民，也都是講英語、受美國教育，完全適應當地社會。所以，我們也要想辦法輔導台灣的新移民，讓他們順利進入我們的社會。

有人建議，把這些小孩子集中起來，給他們特定的教育課程，專門為新台灣之子上課，這個辦法合不合適，實在有待商榷。如果是階段性的加強一些補習或輔導，也許可以試試，但若持續性地進行，是有問題的。爲什麼呢？因爲這些孩子們和他們的母親會感到自卑。

此外，有些父親稱他們的太太爲「外勞」，讓孩子聽見父親這樣稱呼自己的母親，也是很糟糕！孩子的心裡也會認爲他的媽媽是外籍勞工。像這樣不尊重自己的配偶，認爲太太是用錢買來的，這種心態非常不好。既然是自己娶的太太，她就是家裡的一份子，不應該把她當外人，甚至外傭看待。這種情形在台灣，可以說就是因爲有些人的教養還不夠，所形成的問題。

問：目前世界各國是不是也都有以政府或社會的資源，對民眾的教養與教育問題進行輔導或協助？不知道法師對此有何見解？

答：針對全世界類似的問題，目前聯合國有各式各樣的基金會，例如婦女福利的基金會、兒童福利的基金會，及其他種種不同項目的基金會，此外也有世界銀行，目的在幫助全世界平衡貧富，但是他們也是做得焦頭爛額。

我和聯合國的官員們一起開會的時候，發現他們也不知道該怎麼做，只是頭痛醫頭、腳痛醫腳。所以，我曾建議他們要把眼光放遠，處理源頭的問題，而不是處理善後的問題，善後的工作永遠愈處理愈多，不如將源頭的問題妥善處理，較能一勞永逸。

至於源頭的問題是什麼呢？第一，國與國之間不要有戰爭、不要有衝突；第二，大家充分休養生息、從事生產，這樣貧窮的狀況就會少了。

在這當中，族群之間的衝突是主要的問題，以及因衝突而產生的戰爭、殺戮。只要有一次的戰爭，戰爭區域的經濟和貧病等問題，在爾後的十年、二十年內都很難恢復；人民長期生活在貧病中，土地廢耕，生產事業停頓落後，這些都不是短時間能解決的問題。

我建議聯合國的官員們，在每一個重要的議題上，都應想辦法避免族群間的衝突和戰爭，鼓勵大家和平相處，休養生息，從事生產、鼓勵生產、教育生產，並且在生產的過程中，不只教導做事的方法，更要教導如何待人處事、如何培養道德。要知道世界統一的道德觀和倫理觀，實際上就是要我們愛自己的族群、愛世界的人類。

現在全球有超過六十五億的人口，而近期的研究發現，人，原來都是從非洲的東部地區漸漸延伸出來的，而且是由少數的一支向全世界散布，傳承到現在。所以我們本是同根、同種的族群，爲什麼還要彼此殺戮？爲什麼要有衝突？應該都要和平相處的啊！

簡單生活 護地球

究竟是「需要」，還是「想要」？

問：近年來，人們的消費觀念改變，許多人信用破產或背負了巨額債務，引發不少社會與家庭問題。這些為了提昇生活水準或個人品味的「需求」，是必要的嗎？

答：現代社會環境、消費觀念與過去不一樣，過去的人只需煩惱開門七件事——柴、米、油、鹽、醬、醋、茶等生活的最基本需求。現在不同了，開門不僅僅七件事，還可能超過七十件，消費觀念完全改變了。

至於說什麼是需要的、什麼是想要的，確實很難釐清。但是從佛法的角度或是一個有生活智慧的人來看，一定會以「量入爲出、量出爲入」的觀點做爲衡量標準。另外還會思考：如果沒有某樣東西，是不是就不能生活？還是照樣能夠生活得很方便、快樂、自在？而有了這樣東西，是不是就會讓人看得起，或讓人覺得你很有地位、很神氣？若是如此，就變成了虛榮，表示這件東西並不一定是需要的。

問：現代人受到媒體宣傳的影響，「想要」的東西似乎愈來愈多。若是毫無節制或不自量力地過度消費，會造成什麼樣的後果？

答：現代社會以追求時髦，鼓勵大家不斷地消費，甚至鼓勵超出能力的消費。無論消費能力是否足夠，反正先買了再說。

這些流行的宣傳並不一定是對的。確實有些人有資格可以趕時髦，他們的收入高，有能力消費，可是大多數的人並沒有能力趕時髦。如果不顧自己的能力而盲從，那是非常愚蠢的事，打腫臉充胖子不但苦了自己，甚至連累家人。

當然，也不是說一定要過清貧的生活，只要有柴、米、油、鹽、醬、醋、茶就行了。畢竟現在的環境不一樣，我們要用新的標準，但不要因爲虛榮讓自己的負擔加重，或連累到家庭，也不要浪費自然資源，這才是正確的消費觀。

問：現在十分流行一句話：「要對自己好一點！」似乎顯示花錢有理。法師，您覺得這樣的想法適當嗎？

答：自私自利的人只會想到自我，這種現象可以說和動物的本能是相同的。從這個角度來看，並不能說他不對。但是，動物也會爲了繁衍而照顧後代。人生的意義和價值，不只在於延續後代，還在於能否回報社會眾生恩；這樣一想，就不會覺得賺錢應該只供自己使用，只顧犒賞自己，讓自己享受而已。

我們在自然界所取得的資源，是社會共同的資源，也是地球上每一個人的共同財產。既然你運用智慧、技術來使用這些資源，創造了財富，就應該分享給社會、後代子孫，因此要省吃儉用，不應該揮霍。

每一個人都有不同的福報，這包括個人的天資在內。譬如有些人天生的學習能力、適應能力、模仿能力和創造能力樣樣都很強，這樣的人比較容易得到財富。他不一定是靠節省累積財富，而是很輕易就獲得的，我們稱這種情況是有福報。雖然中國有一句古諺：「人找錢困難，錢找人容易。」但是人不只要有福報，還要會創造財富，才能累積財富。

像我的父母都是窮人，他們沒有想過要發財，因爲他們認爲自己不可能發財。但是他們有這樣的座右銘：「吃不窮，穿不窮，算盤不到一世窮。」也就是說，人若不能「量入爲出」，而且沒有節制又沒有計畫，即使財富來了，也沒辦法累積下來。

問：人人都想要擁有財富，而且愈多愈好。難道有了財富之後，就真的沒有煩惱了嗎？

答：我從小就沒有錢，但是我從來不向別人借錢，我的辦法就是不用錢。如果有人向我借錢，我也只能幫他一點點，而且借了之後也不要求對方還。

有一次，我跟我的師父講，我在佛教界裡面是沒有信用的。爲什麼呢？因爲我沒有向他人借過錢，即使向人借錢也沒有人會借給我，因爲他們知道我很窮，借了之後哪有能力償還呢？所以，我乾脆不向人借錢。

大家都希望財富愈多愈好，但是有了財富還要有計畫。如果用法得當，對自己、對他人、對家人、對社會、對全世界都有用；如果用得不當，反而害了自己。不是有這麼一句話：「由儉入奢易，由奢返儉難。」如果一個人喜歡追求時髦、揮霍無度，平日沒有養成勤儉的習慣，手頭愈養愈闊氣，一旦經濟狀況變差，生活就難過了。

所以，有錢、沒錢的時候都要節省，節省可以多結人緣。若是哪天變窮了，別人也會願意幫助你，扶你一把。如果是不知節省、揮霍無度，又不與人結緣，當你潦倒而流落街頭時，是沒有人會幫你的。

問：現代家長因為捨不得孩子吃苦，即使自己勒緊褲帶仍不斷滿足孩子物質的需求，讓孩子予取予求，認為這就是養育孩子的方法。法師的看法又是如何呢？

答：孩子變好或變壞，都是從教育開始的，不是給他錢就能解決問題。父母若是只知道給予孩子金錢上的供應，那是家庭教育沒有做好，孩子有可能會出問題。依我的觀察，有些父母似乎已放棄對孩子應盡的義務和責任，認爲給孩子多一點錢、多一點物質上的享受，就是盡了責任。這樣的想法是錯的，父母應該多關心、教育孩子，讓孩子能夠獨立自主、判斷是非，這才是對孩子負責任。僅僅給予金錢的滿足，勢必會出大問題。

所有教育的基礎都是從家庭開始，父母的身教、言教對孩子的影響最大。要引導孩子正確的理財觀念，父母就必須從自己做起。我看到很多有錢人的孩子，他們書讀不好、人也做不好，徒然有父母給他們的種種資源，卻沒有好好地把握運用。

記得我小時候在佛學院裡有一位同學，也是個小沙彌，他的師父不識字，所以對他期望很高。他的師父有間寺院，靠著種田、做經懺來維持。這位師父把徒弟送到佛學院讀書，徒弟每個月都會寫信給他的師父，說住宿費要多少、吃飯要多少、學費要多少、零用錢要多少，其實我們在學院裡根本不需要用到錢。但是，只要他要多少，他的師父就給多少，甚至舉債都甘願。這個同學穿的、用的、吃的都很好，還常偷偷溜出去看電影、看戲，因此在學校經常被記過、申誡，書根本讀不好，最後還是被開除了。

僅從物質上滿足孩子的需求，甚至舉債讓孩子揮霍，這樣不但害了自己，也害了孩子。因爲人的欲望是沒有辦法滿足，也沒有止盡的。

如何從個人做好環保？

問：「積穀防饑」是人類求生存之道，但若過度儲藏又成囤積，該如何拿捏分寸？

答：俗話說：「老鼠有隔宿之糧。」美國有一種體形很小的栗鼠，找到東西後會先含在嘴裡不吃，然後找個樹洞或挖個地洞將食物藏起來。另外，有一種螞蟻會耕種，牠們會找一些東西放在洞裡培養出菌類，遇到天候不良不能出來覓食時，就靠這些菌類過活。動物如老鼠、螞蟻都會存糧，我們人類應該也要懂得未雨綢繆。

無論是自己賺了錢也好，得到什麼物質也好，都要預先儲存一些。譬如家裡平常儲藏一些用品、食物，遇到大水災、大地震、大風災，斷電、斷水的時候，至少還能夠吃個一、兩天。否則什麼也沒有，或是今天吃明天的東西，寅吃卯糧的結果，一旦發生狀況就束手無策了。

所以，人必須要儲蓄以備不時之需，但是儲蓄得過分，就變成「囤積」。囤積是錯的，別人需要而無法得到，你卻囤積而不使用，結果放到爛掉、壞掉，對自己也沒有用，這就是浪費自己的福報。

問：現代人無論在食、衣、住、行方面，要求都愈來愈高。這樣的生活是否容易造成浪費的習性？

答：資源有很多種類，一種是自然資源，一種是人類資源和社會資源。自然資源就是物質的材料，以及經由材料所製造的生產品。生產這些東西需要人力，再經由社會網絡而流通。

什麼叫作浪費？在這個場合、這個時間，你這個身分不應該、不需要使用這些東西，但你卻使用了，那就叫作浪費。也就是說，不合理、不正當的消費就是浪費。

而我們需要的東西，就是投資的成本，必須評估成本的代價和其產生的功能、價值是不是成正比？是不是可以有利潤？會不會對自然環境、社會環境，或對人類的資源造成損失？能不能有利於自然的永續發展，或增進社會的繁榮富裕和人與人之間品質的提昇？這些問題都應該考慮進去，就是成本和所得到的相對價值。但若代價及成果只是有所平衡，那麼也不應該做，因為僅僅是平衡還是不夠的。

問：人類為了一己之私，對大自然進行了許多改造工程，這對我們生存的大自然，有什麼影響？會是一種浪費嗎？

答：如果這些工程能使得我們的社會、自然、人力都能夠成長，那就不是浪費了。

什麼是不浪費？不浪費，並不是說整天不吃飯、不用水、不用電；整天不用錢，那樣就變成了一毛不拔，這並不是我們這個時代的觀念。從今天這個社會，以及未來社會來看，第一個要考慮的是自然資源是不是能夠永續經營？要做到用了它，它還是可以永續存在，是一件不容易的事。

事實上，自然資源除了礦物類等是少數多用就多消耗外，許多資源都可永續利用。植物中的多數樹種，如果你用得多、砍得多，卻種得少，那是破壞自然；如果用得多，種得也多，那就不是破壞。

另外，現代人所吃的牛、羊、豬、雞、鴨、鵝等肉類，感覺好像吃不完，這是因爲這些都是人工飼養、繁殖的。吃多少，繁殖多少，市場也就消費多少；消費愈多，生產就愈多。

生產得多，這對自然環境的影響是負面的。牛、羊、豬如果養殖控制不當，就會破壞自然，因爲畜養的動物多了，牠們的排泄物會污染環境，自然環境就會遭受破壞。而且現在飼料裡面都含有化學成分，使這些肉類本身可能就含有化學成分。

此外，有許多商人在印尼、巴西亞馬遜河等原始熱帶雨林從事過度開發。他們砍伐森林把木材拿去賣錢外，還將土地用來養牛。現在這些國家成了肉品的產地，可是卻失去了雨林，整個自然生態也隨之被破壞了。如果我們少吃一點牛肉，那就不需要砍伐那麼多森林了。

根據統計，被用來飼養家畜、家禽的穀類量，遠遠超過人類實際食用的五、六倍；人爲了享用肉類，反而間接消耗了更多的穀類。

由此可見，人工繁殖飼養對產能而言是增加，但是自然環境卻被破壞了，而且產生污染。此外，人類使用殺蟲劑、人工肥料來抗蟲害和刺激土地生長力，導致一段時間後土地就得廢耕。爲什麼呢？因爲土地中毒了！土地毒性太強而沒辦法耕種，只好廢耕。

如果不廢耕，種出來的作物會含毒，長出來的草也不能吃；牛若是吃了毒草，生產出來的奶、肉都會有毒，那就不僅是污染環境，還危及人類的健康了。

雖然說科技發展能夠保護地球，使得人類能生存在地球上的時間更長久，那也只是暫時的。因爲現代科技也是加速地球破壞的主因，這是讓我們非常憂心的事。而且許多人講環保，只知道頭痛醫頭、腳痛醫腳，這個不可以做、那個不可以做，沒有配套措施，沒有整體計畫。看到哪個地方出了問題，就立即停止不做，卻沒有去了解問題的癥結究竟在哪裡？

因此我們講的心靈環保，是一個整體的環保，不僅解決當下的問題，還需考慮到可能的副作用與對地球的永續經營。雖然地球永續是不可能，但是可以讓它存在得長久一點，不要讓地球這麼快就毀滅，這是我們人類應該做的事。

問：避免資源的浪費，除了因為地球上的資源有限之外，還有其他的原因嗎？

答：很多人用餐的習慣，大概有三分之一以上是沒有吃完的，這些東西被辛辛苦苦地生產出來，結果沒有吃完就被丟掉。在美國，有很多流浪漢專門撿拾街頭垃圾桶裡面的東西來吃，這些並不是廚房裡的廚餘，而是路人吃不完的東西。譬如某人吃漢堡，一次要吃一個半，他就一定會買兩個，另外半個吃不完就把它丟了，這就是浪費。美國有一些雜誌曾討論過這個問題，這種情形透露出一般人沒有節省資源的觀念，因此導致浪費。

在東方，華人講求「年年有餘」，如果客人把桌上的菜餚吃得盤底朝天，這對請客的主人來說是失禮的表現，好像主人準備的菜不夠吃，這是個非常落伍、非常不環保的觀念。現在我們推行「吃光光運動」，並不是要點很多菜來吃光，而是先酌量叫菜，叫來之後就要吃完，避免點了一堆，卻因爲口味不合而形成浪費。

這個世界上，有三分之一的人處在飢餓線上，卻也有三分之一的人吃得太多，甚至是浪費，這實在是非常可惜。世界上人口最多的地方不在歐洲、不在美洲，而是亞洲、非洲等較不富裕的地區。就算是歐洲這麼高度發展的地方，貧富程度也是相差很大，像俄羅斯、東歐等地區，他們的飲食比較差；而在西歐、中歐、南歐等地則食物充足。

台灣在亞洲國家中並不窮，但不要因此就以爲台灣沒有問題而不珍惜。而且台灣的物質資源非常少，地下礦產很少，生產的東西都靠加工、靠人的智慧去做。如果我們浪費成習、不知珍惜，特別是水資源、土地資源、空氣資源，那麼未來可能會面臨很大的危機。

問：很多人都知道環保概念，但在遵守之餘不免有所疑問：「只有我這麼做、只有我們這個家庭在做，能有多大的貢獻呢？」

答：大家不要以爲浪費一點東西和環境污染應該沒有什麼關係，要知道，一個人浪費一點、兩個人浪費一點，十個人就浪費了很多；而今天浪費一點、明天浪費一點，十天就浪費了很多。

浪費實際上也就是破壞自然和污染自然，人類過度的貪求，必然會超出地球的負荷，不但浪費了資源，更會造成壓力與破壞。所以，絕對不要忽視自己的力量，環保就是要從個人做起。

如何遠離外境誘惑？

問：近幾年來，社會大眾逐漸有「簡樸生活」的概念。簡樸生活就是要降低我們的欲望，請教法師，人的欲望從何而來呢？

答：欲望多半是來自於誘惑，例如環境的誘惑、物質的誘惑、聲色的誘惑等。若從本能來講，欲望其實很容易滿足，就如動物只有兩樣，一個是吃、一個是性。人類就多一些了，除了吃和性之外，還有衣、住、行、育、樂……等。

佛教將欲望叫作五欲，五欲是從我們的感官面對色、聲、香、味、觸等五種境界的對象，所產生的五種欲望，包括眼睛看的、耳朵聽的、鼻子聞的、口中吃的，以及身體接觸的對象，而生起爲了滿足刺激的欲望。

現代人對如何滿足這些欲望很講究，譬如到高級餐廳吃美食，到音樂廳聆聽名家演奏或演唱等，這些都得花錢。其實，大自然的景色，就能夠讓人滿足了，如雨聲、風聲、水聲、鳥鳴聲等所謂的天籟之音，或是欣賞花、鳥、蟲、魚、樹等大自然的生態美景，都能令人賞心悅目，而且還不需要花錢。

另外，很多音樂家都是從自然界的聲音中得到靈感，再將它譜成樂曲，讓大家來欣賞。它原始的材料都是水聲、風聲等自然界的聲音，但在組合創作之後，就成爲好聽的音樂了。其實大自然就是最好的音樂，値得我們用心聆賞。

問：有時因為身分、地位不同於以往而不得不妝扮，這是否也是一種迷失？

答：如果一直往外看，不斷受到外界的吸引和誘惑，即使是基本的食、衣、住、行，也都可能變得奢華複雜，感覺似乎這樣才能表現出自己的地位和價值。

爲了要滿足自己的欲望，展現自己的財力，有些人認爲吃得愈貴愈好，愈稀有愈好。然而，昂貴的不一定就是最營養的東西。此外，以現在的衣服質料來講，棉料是最好、最舒服的，但是有錢人需要奢華，就在衣服上鑲了很多的鑽石珠寶，貼了很多的亮片，多麼亮麗呀！

其實那種衣服只能讓人覺得好看，是用來炫耀的。至於舒不舒服呢？如果要他二十四小時都穿著那種衣服，我想一定很受罪。但是穿出來參加宴會時，可以讓大家的目光焦點都在他身上，覺得他很高貴，很有氣派。

這些欲望都是人爲製造出來的，我們面對這些問題時，可以把這些由人爲製造出來的虛榮看成是不必要的東西，先想這種場合是否一定要參加？去會怎樣？不去又會怎樣呢？會有很大的損失嗎？

有的人可能認爲，不去就見識不到高級的社交場合，好像會失去機會，這是把進入高級社交場合視爲一種財富和地位象徵。如果不進這個高級的場合，是不是一樣有社會地位呢？這是値得考慮的問題。

問：如何才可以不受外在環境的影響和誘惑？我們該如何學習才能不迷失自己，做自己的主人呢？

答：我認識一位非常有名的企業家，他出門時穿的是普通的衣服和鞋子。有一次，我在飛機上遇見他，他只有一個人，我說：「董事長，你怎麼只有一個人呢？出國怎麼不帶隨從？」他說：「我到那裡就有隨從了，不需要帶著跑。」這位董事長相當樸素，把錢省下來從事慈善事業、社會公益以及各種文教事業，對於公益活動投注了很多金錢，但是自己的生活卻是非常的簡單。

所以，我們不要被外在的境界誘惑、刺激、挑逗，要做自己的主人，不要把自我寄託在外在環境的誘惑上，以致失去了自我。自己本身具有的價值、智慧、智能和成就，才是眞正的你。如果經常處在沒有辦法滿足自己、感覺空虛的狀況下，欲望是永遠沒有辦法塡滿的，很有可能在還沒有滿足以前，這一世就已經過完了，這就叫「欲無止境」。最好能調整自己的心態，向內看，選擇自己需要的，這才是最健康的。

問：向內看是什麼意思？向內看之後，面對誘惑時就能做出正確的抉擇嗎？

答：所謂向內看，指的是看自己的思惟、看自己的想法、看自己的感覺，即是去體會、體驗當下的感覺和反應是什麼？面對眼前的誘惑，自己要衡量是否是應得的？若不是必要或是能力不及的，就該捫心自問：「我想要的究竟是愚癡的貪念、虛榮呢？還是有什麼其他的問題？」這就是向內看。

當我們追求某樣東西，也就是面對各式各樣的誘惑，包括物質的誘惑、金錢的誘惑、男女情色的誘惑，或地位虛名的誘惑等，此時要反問自己：「我想要的這些東西，與我這個人是不是實至而名歸？」如果是不拿白不拿的心態，極可能得不償失。

大家都知道「飛蛾撲火」這句成語，牠誤以為火是光明而爭先恐後地撲過去，結果撲向死亡。我們會說昆蟲眞無知，那我們人呢？

人可以反省：我是不是應得？是不是該得？以及是不是能得？是不是能有？這些都要考量。如果不考量的話，那就跟飛蛾一樣，也是撲向危險的境地。

問：新聞報導裡，針對社會案件的敘述，十之八九會加上「難掩一時衝動」的字眼。若碰到衝動時刻，該如何面對和處理？

答：對於修行人來說，遇到難掩衝動的事情時，就得靠平常的用功了。譬如遇到誘惑時，馬上注意自己的呼吸，體驗自己的呼吸。對於當前的刺激或誘惑還是無法拒絕時，立刻將眼睛轉開，甚至離開現場。

如果離開之後心裡還是記掛著，還處於波動的狀態，就繼續運用禪修的方法體驗呼吸，亦即將注意力放在呼吸上，並且體驗自己當下的情緒。調整自己的呼吸後，心會慢慢平穩下來；若仍波動，則進一步在呼與吸之間數一個數字，一、二、三……數到十。持續數個三、四回之後，念頭、欲望就會煙消雲散了。

如何有智慧地「理財」？

問：很多人誤以為宗教人士都不食人間煙火，不懂得如何運用財物。請問法師，佛教裡有具體的方法教人怎麼樣使用金錢嗎？

答：錢是要用的，即使沒有錢的時候也要用錢，不用等於沒有錢；用了錢以後，就自然會想辦法找錢。佛教常教人布施，如果是個很窮的人，叫他如何布施呢？人若為了要布施，就會想辦法賺錢，即便是乞丐也可以把乞討來的錢拿去布施，這是光明正大得來的，以現代的用語來講就是「募化」得來的。

像法鼓山團體裡面，很多信徒不是有錢人，但是他們對於我們所做的事非常佩服與認同，自己沒有錢布施怎麼辦？他們會想辦法勸人來捐錢。有布施觀念的人，就會找些簡單的工作來做，例如做手工、撿垃圾做資源回收，爲布施而變得勤勞，勤勞之後錢就來了。只要你付出努力、運用正當的方法，就會賺到錢。賺到錢以後要怎麼分配呢？除了自己生活必須的最低消費之外，就應該要布施、儲蓄。

問：常言道：「君子愛財，取之有道。」有人非法取財受到社會撻伐，依然振振有詞，認為那些財物都是自己應得的。在佛法的教義中，是如何解釋取之有道的「道」？

答：什麼叫作「道」？從佛法來說，凡是有益於人，無損於己；有益於己，有利於人；有利於己，也無害於人；或者既能夠有利於己，又能夠有利於人，甚或不僅利於人，而是對整個社會環境都能有利的，不是破壞的、不是損失的，對自己是成長的，這些都叫作「道」。

因此，我們應該以慈悲心待人，無論是好人、壞人，都要以慈悲心來對待他；對於事情則要運用智慧、理性來處理，那就是「有道」。

所謂「取之有道」，不僅是取財，無論是取女人、取男人、取愛情，都是「取」；取地位、取名望也是「取」；取各種各樣的私利，也是「取」。當你取任何東西，小的、大的、有形的、無形的……，取的時候都應該考慮到自己和他人、自己和社會的責任。

如果是一個菩薩行者，他的道德標準就更高了。以菩薩來說，完全不考慮是否有利於己，而只考慮到是否對眾生有利；爲了眾生的利益，可以「奉獻」自己——不是「犧牲」。不考慮自己的利害得失，也不考慮別人怎麼看待自己，只要爲眾生得到利益，願意奉獻、願意去做，那麼這就是菩薩了。

健康快樂的老年

如何規畫銀髮生活？

問：從現實面來說，我們要做什麼樣的準備，來迎接老年的人生呢？最好從什麼時候開始準備？

答：對社會上的一般民眾而言，三十歲正值壯年，是個人生涯的巔峰，無論是體能或事業都在衝刺的階段；四、五十歲步入中年以後，體力開始走下坡，雄心壯志漸漸衰退；到了六十歲，老年的氣象就出來了。

因此四十歲以後，就應該開始準備。準備什麼呢？不是準備退休不做事了。現在聯合國規定，人要工作到六十五歲才能退休，因此這裡講的準備，是規畫六十五歲以後要做什麼？這些事要在四十歲的時候開始考慮。

通常，多數人會認爲「養兒防老，積穀防饑」。現在養兒防不了老，多生孩子也沒有用，因爲孩子長大以後不一定會孝養父母。因此有人說，還是存錢吧！多存一點錢，老了就有保障，但這也是不一定的。因爲財富隨時可能不見，也隨時可能會縮水。所以，錢是要有一些，但是適可而止，不是有錢就行了。

至於要做什麼樣的準備以迎接老年生活？第一個準備是要身體健康。健康的身體，需要靠運動、飲食和正常的生活作息。老年時期的健康要從中年時養成，如果中年飲食不節制，暴飲暴食、生活糜爛、作息不規律，老了之後很可能什麼病都會冒出來。

第二個準備是要養成心理的健康，這非常重要。步入中年以後，最好要有宗教的信仰，如果沒有宗教信仰，會容易徬徨。雖然很多人說：「我不需要宗教，我相信自己不會做壞事，我相信自己能夠立身處世，我自己對生命的價值很清楚。」但這些其實都不夠，我們是凡夫，不是聖人也不是神仙，所以有信仰很重要。

事實上，僅有信仰是不夠的，應該還要有宗教的生活和宗教的修養。宗教信仰是一種思想，除了相信它，還要把它視爲人生的歸宿。如果有信仰，就可以隨時準備面對死亡，什麼時候會死？死亡之後會到哪兒去？會做什麼？這都是依靠宗教的歸屬感所賦予的。

當生命有了歸屬感，我們必須付出生命的動力，以轉變成生命的價值。所謂生命的動力，是清楚自己要做什麼，必須往哪個方向走；至於生命的價值，則是從動力產生功能而有價值。

因此，我們需要有生活上的修養。如果是宗教徒，則要有宗教的生活和宗教的修養，也就是照著自己的宗教信仰去生活、去實踐，以培養出具有宗教情操的淨化心靈。

問：我們該如何看待老年時的生命價值？

答：不同社會背景的人有不同的生命價值觀，而且每個人的層次及素質也不一樣，所以沒有辦法對每一個老年人的生命價值做同樣的判斷。

有一些民族認爲老人沒有用，對社會、家庭都是負擔，這樣的認知在動物界也是常態。譬如大象老了或生病了，沒有辦法跟象群共同生活時，牠會自己走到象塚去，然後靜靜地在象塚裡等死。還有群體活動的野牛，如果遇到狼、獅子、豹等猛獸攻擊的時候，牠們可能留下老牛去抵抗那些猛獸，讓年輕的小牛逃走。自然界動物的本能就是這樣。

但回過頭來看人類社會，華人社會裡的老年人常自謙爲「老朽」，意思是沒有用的人。此外，孔子曾說：「老而不死是爲賊。」這句話也常被誤用來形容老人沒有什麼價值。不過，我認爲這些說法是個大問題。

以釋迦牟尼佛爲例，他活到八十歲圓寂，這對出家人而言是大損失，不但人間覺得很傷痛，連天神都非常地悲傷，因爲就此失去了人天的導師。有智慧的人走了，缺少了指導我們的善知識，這是非常傷心的一樁事，也是人間的損失。

問：老年人最不願意面對的，是「夕陽無限好，只是近黃昏」的無奈。在這個年紀的人，除了健康的身體和心理，還應該有些什麼？

答：首先，要維持生活的規律、健康和精進。生活得健康，人格就不會偏差、行爲不會胡作非爲，也就會有一定的道德標準和倫理觀念，而這就是人格的修養。

此外，還要準備老了以後，自己還可以再做些什麼事？有些人還沒老之前就想著老了以後諸事不做，遊山玩水；或老了以後，去出家傳道；或老了以後，要享受田園生活，做農夫去。

事實上，在還沒有老以前，無法預知老了以後的生活和社會環境的變化，尤其是自己的健康，允不允許自己做那些事？所以，要準備做什麼，是說不準的。雖然有興趣要做些什麼，將來不一定真的能做得到。

有人說老了以後，就畫畫、寫字；老了以後，再去讀大學，大學讀完再讀碩士、博士，這些都是老了以後的計畫。如果設定不變的目標，到老的時候，不一定能夠兌現；因此目標要有，但也要保持調整彈性。最重要的是，不管在青年、中年階段，都應該活在當下、精進充實自己；有踏實的中年人生，才會有健康、幸福的退休人生。

問：人才是活水，社會政策是活水源，有智慧的政府訂定活的政策，對於這一點，法師有沒有具體的建議？

答：講老人福利，如果只把焦點集中在要給老人住什麼、吃什麼、提供什麼醫療等問題時，這個政府就是只看眼前，如此狹隘的考量是不夠的。

我們的社會及政府在制定老人政策時，應該要從中年就開始規畫；每一個工商團體以及從事生產的團體，一定要考慮到員工老了以後怎麼辦？並不是只有留下退休金、保險金，讓大家老了以後有飯吃，就認爲是有保障了。

有保險、退休的福利是很好的，但是退休的福利裡面一定要考慮到如何輔導中年人準備好老了以後該怎麼獨立自主、自給自足？並且身心還能有餘力來幫助家庭、幫助社會，直到臨命終時。

有人認爲老人的醫療費用是社會沉重的負擔，事實上，現在台灣的健保裡面，確實有三分之一是為年長者所用。我現在也是老人，也在分享這個社會資源，但是我在分享社會資源的同時，也在做奉獻的工作。

因此，一定要先呼籲中年人預做老年準備，這樣一來，當他們步入老年階段時，才能夠有健康的身心，才能夠獨立生活。所謂獨立生活，主要是自給自足，也就是老了以後，還可以有收入維持生活；如果生活沒有問題，空閒時就可以做義工，為社會奉獻。

上班族的工作時間是朝九晚五，但是義工沒有時間限制，他全部的時間都可以用來奉獻，而且不拿薪水，不但沒有增加社會負擔，反而還為社會增添了一份力量。

所以，就是要未雨綢繆，我們提出這個想法以後，希望整個社會、政府以及民間，大家能共同來思考這個問題。

愈老真的愈孤獨嗎？

問：上了年紀的人，如何找到自己的價值，不使自己成為家人、社會的負擔？

答：老年人要找到自己的價值，一個大原則就是老了也得保持健康的身心，能夠自給自足，自己照顧自己，同時還能夠身心皆有餘力，爲社會或是家人奉獻。

所謂的奉獻，並不是非要做什麼不可！能做什麼，要看當下的環境，有什麼因緣在面前出現，就可以順勢奉獻了。

身爲老年人，至少不要變成家庭、社會的包袱，最好還能夠爲家庭、社會分擔一些任務，這樣的話，老年生活會過得很有意思。即使有點小病小痛，還是很健康，即使生活非常清苦，還是可以活得非常快樂！

問：人愈老愈怕面對孤獨，看著老伴、老友相繼逝去，心裡往往會產生不安與恐懼。我們該如何面對孤獨？宗教信仰是否有幫助？

答：如何面對孤獨？就是要把自己退回到還沒有出生以前的狀態：母親還沒有懷胎之前，你在哪裡？又有誰陪伴？人一直以來都是孤獨的，人不一定要等到老年才會變得孤獨，之所以會孤獨，通常是自己的心理、精神、生活沒有寄託，才會有孤獨感。所以，無論是小孩子、青年人，或中年人都會孤獨。

一般人覺得無聊、孤獨的時候，會想去找朋友、看電影，或者參加一些舞會，與朋友聚會等活動。但進行這些活動的時候，孤獨感是不是消失了呢？

不一定。要知道，參加活動的時候覺得好多人在一起很熱鬧，可是一旦結束回家，還是只有自己一個人，所以仍然是孤獨的。

日本曾經有一位非常紅的歌星，他一上舞台就有千千萬萬的人爲他尖叫鼓掌，他也相信這些人都是他的粉絲。但是下台後往回家的路上，車裡只有他一個人，回到家以後，洗澡、吃東西、睡覺都只有自己一個人。他開始懷疑，究竟自己是爲什麼而活著？

他左思右想都想不通，後來就想要自殺。他覺得，出現在群眾面前的「我」是假的我，自己獨自面對的「我」才是「眞的我」，而「眞的我」是很孤獨、沒有朋友的。「雖然那些群眾爲我瘋狂，但是他們看到的是在舞台上的我，他們喜歡的也是我在舞台上的樣子。我走下舞台後的模樣，他們沒有看見，就算看到了，也不一定會喜歡。」因此，他認爲自己是沒有朋友的人而想自殺。

後來他跟朋友談起這個問題，朋友便建議他去參加禪七。他問：「禪七能做什麼？」朋友回說：「禪七是用七天的時間面對孤獨的自己，不跟任何人講話。沒有朋友，只有自己。練習著讓自己面對孤獨、反觀自己、跟自己相處，習慣了以後，會覺得天下太大了，宇宙是無限的，而且充滿了生機，而自己是和宇宙結合在一起的，怎麼會孤獨呢？」這位歌星聽了朋友的話去禪修，打坐以後效果很好，他不但不再想自殺，還廣爲傳述這個經驗。

對一位有學佛的老年人而言，在面對孤獨的時候，若拿起念珠念「阿彌陀佛」聖號，當下就是跟阿彌陀佛在一起；念「觀音菩薩」聖號，就是跟觀音菩薩在一起。能夠有這種宗教的修持，自己就一點也不孤獨。儘管人老了，老朋友一個個走了，事業沒有了，過去車水馬龍、趨炎附勢的拜訪人潮也沒有了，還是可以過得很精彩。只要能培養面對孤獨的精神修養，那就不會孤獨了。

問：常見到老人以執意己見的方式，想要表現自己的價值，身邊若有這樣一個倚老賣老的老年人，我們該如何看待？

答：倚老賣老的老人不懂得謙虛，事實上，就是不成長，而且很天真、很幼稚。

佛教徒有句話：「菩薩不輕後學。」意思是菩薩、阿羅漢不會輕視小沙彌，不輕視比自己晚出道的後生晚輩。每個時代有每個時代的新知，每個時代的人都是接受了前人的智慧，再加上自己的天分、發明，而產生新的創作。所以，倚老賣老的人，就是老天眞、不長進，沒有繼續求進步、再學習的行動力。否則，他會傾聽年輕人的想法，不會倚老賣老。

雖然說有經驗是很好，但老年人的時代經驗有些已經過時，不符合現代的需要，所以還是要耐心聽聽年輕人的想法。老人可貴的並不是具體的經驗或技術，而是在生活中歷練出來的智慧，所謂智慧就是判斷的力量，這也可說是老人的「技術」，也是具有值得年輕人參考的價值。

問：一般人觀念裡的「老有所終」，是指有人奉養。這樣對老年人有意義嗎？法師認為老有所終的意義應該是什麼？

答：我常常舉一些例子鼓勵年紀大的人，我說：「某某人雖然年紀很大，他們對國家社會還是有很大的貢獻。」這些人聽了我的話後就說：「師父，那些人是從小就被培養成做偉人的，所以老了以後還有價值。哪像我們這些普通人，是靠兩隻手、兩隻腳來掙飯吃的，我現在手做不動、腳跑不動，頭腦也不行了，怎麼能跟他們比？」他們還講：「師父，尤其是您，我怎能跟您比，您是修行人，我們不是修行人。」

年紀大的人往往對自己沒有信心，總認爲自己沒有用了。很多老人聽到我的話，都以爲我是唱高調，不相信自己可以做到，但是我跟他們說，你們每個人都可以做到。

例如有一位不良於行的老人家，他沒有讀過什麼書，做苦工退休以後，走路都不方便，還得坐輪椅。無意間，他看到人家撿垃圾，他就想，自己也可以撿垃圾。自己雖然又老又殘，是個老廢物，但是他想，既然垃圾可以變黃金，他也可以讓自己發揮一點作用。

於是他坐著輪椅去撿垃圾，太大、太重的垃圾撿不動，他就撿一些罐頭、寶特瓶、袋子、紙製品等小垃圾，撿來分類後每天可以賣兩、三百塊錢，一個月累積下來，差不多也有一萬塊錢。不僅他自己可以過日子，還有錢可以做布施，布施給他自己的孫子和一些需要幫忙的窮孩子。就這樣，他過得很好，雖然還是要看病，但是政府有老人福利，他在這項福利的照顧下可以過生活，不會成爲社會的負擔。

問：要怎麼鼓勵老年人，即使人老了，但要身心不老，不放棄自己，並盡情發揮人生的價值？

答：我曾在台南佳里遇見一位老先生，他的年紀比我還要大，耳朵根本聽不清楚，要戴助聽器才能跟人溝通。他一見到我就說：「師父，我已經是老廢物，沒有什麼用了。」

我說：「用處有很多種，連垃圾都能回收再生，你是個人爲什麼會沒有用呢？所以，你應該要好好地想想自己這個資源要如何回收？又要如何再利用？」他一聽之後，兩個眼睛突然亮了起來！

我又告訴他，我沒有地、沒有錢，什麼都沒有，如果你能蓋個道場，等道場蓋好之後，對當地鄉親宣導法鼓山的理念，這對地方是一大貢獻。而貢獻是屬於你的，就是你這個資源被回收後再利用所產生的價值。

老人家聽了我講的這幾句話，感到很興奮，他眞的以一顆誠懇心，到處跑、到處求，現在地也有了，正在積極地建設中，很快這個道場就可以蓋起來了。

就像中國的叫化子武訓也能辦學，天下並沒有「無能的人就不能做事」的說法。即使無能的人，只要發一個願，能力就會出來，就能做事。所以，一個老人就算是殘廢，或者沒有知識、沒有學問，也沒有什麼經驗和體力，只要還能做事、還能奉獻，加上有心願，就一定能夠成事。

如何「病得很健康」？

問：人老了之後容易病痛纏身，體力也會衰退，但法師講過一句話：「要病得很健康。」請問要怎麼樣才能做到？

答：我們身體的機能會隨著年齡增長而退化，身體的組織也會衰老，這是自然現象。不管是動物、植物，任何物質必定會衰老，在衰老的過程中，會變得不靈活甚至疼痛，那是正常的。

生病沒有關係，但是要病得健康。什麼叫作病得健康？生病一定會不自在、不舒服。像我這一生，小病不斷，大病幾年一次，最痛苦的就是渾身疼痛而動彈不得。這個時候任何事都要借助他人，自己吃也不能吃，生理排泄也無法自主，根本不能動。在這種狀況下，眞是非常無奈，唯一能運作的只剩頭腦，人好像也變得沒有用了。

但是不是眞的沒有用？不一定！譬如我在住院過程中，並沒有做什麼，但所有的醫生都和我成了好朋友，有的醫生、護士變成我的皈依弟子，照顧我的人也都變成了佛教徒。爲什麼呢？是我的態度影響了他們。

這些人幫我清潔身體、吃飯、洗臉、漱口，他們在幫助我的過程中受到了感動。當時我根本沒有氣力講話，也無法特別做什麼，但是我的態度是樂觀、正面的，對他們是抱著感恩的心，對自己的病則抱著接受果報的態度。我也感謝因爲生病，讓我有時間住在醫院裡，體驗人生有這樣的過程，體驗眾生生病的時候有多麼苦。我體驗之後也覺得很好，這就是我面對衰老的人生態度，而我的人生態度則影響了這些人。

所以，我害病的時候其實也在度眾生，雖然這不是我的本意，但對那些人產生了益處，幫助了他們。因此雖然我是在生病，可是我病得很健康，並以行動感染到他人，心靈也變得健康有活力。

問：病得很健康，是從心境影響態度嗎？如果心態不健康，是不是會影響身體的康復呢？

答：生病的時候不要怨天尤人、哀聲嘆氣，也不要情緒失控。然而，通常人一生病，情緒就不好，都是因爲修養不夠。有修養、有虔誠宗教信仰、有佛法修行工夫的人，在這種狀況下自然會跟其他人不一樣，這就病得很健康。

是不是每一個人都能夠做到病得很健康？如果從中年時就開始準備，到晚年有病痛的時候，就能以較健康的心態面對。前行政院院長孫運璿先生自小即是位很有修養的人，他生病住院時，雖然是被人照顧，可是這些醫生、護士都深受他的感動，非常感恩他、捨不得他。這樣一來，他自己和身邊的人也同時都受益。

如果沒有修養，在醫院裡會因忍受不住身體病痛而叫喊，甚至還出口罵人、動手打人。這是因爲病人沒有辦法發洩，身體的病痛問題不能解決，別人也幫不上忙，因此病人總覺得好像身邊的人都不肯幫忙，於是產生了負面的情緒；又因爲無法排解，這種人不僅自己痛苦，照顧他的人也很痛苦。所以我說，要病得健康，是在心境、修持上有所磨鍊。

問：要抱持什麼樣的心情，才能在老年生活中，坦然面對隨時可能來臨的死亡時刻？

答：人到老年，就該學會坦然面對死亡。

死亡就像是工作一天累了，需要休息、睡覺，去洗個澡就睡了。如果能把死亡和睡覺看成相同的層次和狀況，就很自然，也用不著害怕了。

這兩者的差別是：睡覺後我們知道明天還會起床，起來後我還是我，吃早餐、去上班，還有其他許多計畫。但死亡以後到哪兒去？可以說是起來以後去再生。但，再生到哪裡呢？這個時候，就需要有宗教信仰了。

若沒有宗教信仰，認爲死了以後就沒有了，也相信是沒有了，這是唯物論、唯物主義者。有人問我，唯物論者好不好？如果這一生沒有遺憾、沒有欠缺，死了就是死了，這一世生命就是一期，這只有少數的哲學家可以接受。多數的人都是茫茫然，覺得死了以後，就這樣沒有了，多遺憾呀！包括很多朋友、很多的關係人，還有自己這一生所奉獻的，從此以後都沒有了，實在太空虛了。如果非死不可，就這樣子離開人間，那也沒有辦法，只好面對。但總免不了有一點哀傷和無奈！

以上的說法是茫茫然地死亡。對宗教徒來說，死了以後，是有地方可以去的，不會這樣茫然。死了以後，會出現另外一個境界，體會另外一個生命。對凡夫而言，就是轉生。轉生是根據我們的業力，這一生造了什麼樣的業，惡業或善業，我們下一世轉生，就轉到惡道或善道。善業多做一點，就進入善道；如果做很多惡業，透過懺悔還可以進入善道，如果不懺悔就會進入惡道。

有宗教信仰，就不會畏懼死亡。因為知道生命是一個一個的過程，繼續不斷地往前走，所以這一世生命結束時，不是無奈、不是空虛，而是希望。有一個新的希望在前面，新的環境在前面，不僅要坦然地面對，而且要非常喜悅地接受死亡。

問：如果心理上能歡喜接受死亡，但是在臨終前卻飽受病痛折磨，要如何接受身體上的痛苦，讓自己安樂地走呢？

答：有修養的人，會把這個身體交給死亡、交給病痛，不會再去想：「這是我的身體！這是我的身體！」都已經要死了，還要執著這個肉身嗎？已經殘破而且即將死亡的身體，就讓它痛吧！看它可以痛到什麼程度？

當我生病住院時，麻醉劑退了以後，醫生跟我說：「痛的時候，按一下球，麻醉藥又會來。」我從來不按，按麻醉藥做什麼呢？即使按了麻醉藥，等一下還是會痛。所以我不按麻醉藥，就讓它痛，雖然那是非常痛苦的，但我還是走過來了。此時要這麼想：「這個時候痛的不是我，痛的是身體；痛不要忍，而是讓它痛，這是最好的辦法。」

實際上，這也是修行。當我們打坐的時候，會腿痛、背痛，我常常教人說這是腿在痛、背在痛，不是我在痛，那麼這個痛很快就會過去了。

坦然面對生死

好活？歹活？心態決定！

問：一般人對於生死問題多半避諱不談，究竟生命會不會經由生死輪迴繼續？而我們要如何從容以對這個人生課題呢？

答：死亡是生命的一個過程，因爲我們不知道自己是從哪裡來？也不知道死後將往何處去？誠如孔子所言：「未知生，焉知死？」因爲我們對於過去沒有記憶，對未來當然也是茫然無所知。

但是從佛法、諸多聖人，以及所謂有宿命通、神通或天眼通之人處可得知，我們人或者是任何一個眾生，所有的生命只是一個過程，在死亡之前我們是活著的，死亡之後則是另一生的開始。有前一個階段的死亡，才有我們這一階段的出生，大家因爲不了解是不是有過去、是不是有未來，只看得見中間這段過程及片段，便以爲生死之間就是我們的生命，而認爲死亡是生命的結束。其實生命是永遠不會結束的，對凡夫而言，每一生是依照個人的業力和願力去轉生、再轉生，而得到不同的生命果報。

那聖人是不是有我們這樣的生命呢？答案是有的。聖人是爲了度眾生，而接受與我們凡夫同樣的生命，與我們凡夫生活在一起。他們其實已經從業報中得到解脫，而且從智慧的果報中又得到重生。

智慧的果報是什麼呢？就是慈悲和智慧。聖人轉生的目的是爲了度眾生，凡夫的輪迴則是受報。所以從佛法的觀點來看，死亡並不是結束，能夠這樣思考，生死的話題就不可怕了。

問：即使我們對死亡做了許多探究與摸索，當真正面臨死亡時，還是難以放下對生命的不捨與眷戀。請問法師，死亡之後會看見、聽到什麼呢？

答：其實從出生到死亡的階段，看起來好像是生，實際上也是在不斷地死。譬如身體的細胞不斷在更新，經過六、七年的新陳代謝，人體細胞便全部徹底換過一次。心也是一樣，我們念念都在生滅，每一念想過後，第二念隨之產生，前念滅了後念就起。

所以，無論是生理或是心理，在生命的過程中，不斷有生起和消滅的出現，我們叫作生滅，也就是無常。當人衰老時，身體機能自然會退化，然後就會死亡。

有人希望知道死亡的過程和死後又是處於怎麼樣的狀態？

就佛法而言，人的色身是由地、水、火、風等四大組合而成。就肉體而言，當人死亡時，首先是沒有了氣息，也就是斷氣，然後體溫漸漸消失，細胞也逐步腐爛。軀體逐漸地四大分離，硬的部分變成土、流質的化爲水、熱能轉成火、呼吸也回歸於大氣。於是地、水、火、風全部解散，這個時候回歸於四大，身體已是不存在了。

以精神面而言，人瀕死時，有修行的人能預知自己大限將至，而有的人還不知道要死亡。也有的人會見到各式各樣的幻境，例如看見死去的親人，看到天國、西方極樂世界或佛菩薩現前。這些有的是好的幻境、有的是壞的幻境、有的是很恐怖的，但都不是眞實，也無所謂好壞。重要的是不要受幻境的影響，不要害怕、不要拒絕，也不迎接它。

但是，如果平時常持誦佛菩薩聖號，並發願往生西方極樂世界，臨終時若見到佛菩薩，這可能是與自己的願力相應，就跟著佛菩薩去吧！如果願力不相應，對於出現的幻境則別受影響。

死亡以後很可能看見光，一種非常非常深遠的光束，似乎在等著迎接自己。這時候不要心存歡喜迎接那個光，而該淡然處之，安靜地持誦「阿彌陀佛」聖號。若光自然而然來到面前，而自己也融入光中，這樣很好，不是生天就是往生西方極樂世界。

若是自己見到光就跟著光走，它不一定到哪裡去，可能投生到什麼地方去了。所以，不要一看到光就跟著光走，這是非常重要的。

此外，以精神面來說，當知道自己的肉體已經死亡，意識也離開了肉體，但是記憶還沒有消失，它是前一生業的力量，是自然而然產生的一種神通。這個時候若看見家人，請不要跟著他們走，要讓自己保持在空靈的一種狀態。

通常人死後的四十九天內是處於「中陰身」階段，此時在等待自己的因緣或是業力的成熟；業力成熟後，哪裡先成熟就往哪裡投生。所謂中陰身的意思，就是此一身到彼一身，也就是此一生到下一生之間的過渡階段，在這個時候既不叫作鬼，也不是人。另外，中陰身階段是最靈敏的，清楚知道自己已經不是人，也不是鬼，於是託夢、顯靈等情形，多會在此階段出現。

結束中陰身階段後就必須轉生，如果沒有轉爲畜生道、人道、天道，或者往生西方極樂世界，就會進入鬼道。而進入地獄道的人，通常沒有經過中陰身階段，俗話說：「入地獄如射箭。」生前惡業很重的人，死後會馬上進入地獄道；如果有人一生之中修得天福，死後則生入天國，也不一定會經歷中陰身階段，因爲神識已進入蓮台，進入西方極樂世界了。

問：有句話說：「好死不如歹活。」是勸人不要輕易求死。但生存的意義因人而異，有人活得快樂，有人活得痛苦，是什麼樣的因素決定這中間的差異？

答：什麼叫作歹活？就是活得很痛苦、很窩囊，或是活得很無奈。有些人會說他生不如死，是因爲活得太痛苦了，希望早死早生天、早死早解脫。如果覺得活得很痛苦，怎麼生活都是歹活；如果覺得這是自願的、樂意的，覺得自己活得很有意義、很有價值，活得非常光榮，即使再苦也是好活。

所以，好活與歹活沒有一定的標準，端看自己的想法和心態，若能改變消沉的思考邏輯，活在什麼樣的狀況下都是好活。例如這些年來我經常進出醫院，但仍時時覺得很高興、很有價值，人生活得很有意義，因爲只要還活著，我就能夠繼續奉獻。

問：俗話說：「久病厭世。」長年的病苦會把人的意志消磨殆盡，甚至想早早離開人世。我們應以何種態度轉變這種負面想法呢？

答：我曾遇見一位上了年紀的人，生活起居都需要兒孫照顧，讓他覺得活在世上只是拖累家人，很想早一點死了算了。

我問他：「你還會說話吧？」他說：「會！」於是勸他有空就念佛。他說念佛很累，我告訴他在心裡默默地念也可以。他回答：「我默默地念時，常念著念著就念不下去了，念著念著就忘掉了！」我說：「沒有關係，想到就念，念佛的時候想到兒孫，就可以爲兒孫祈福；想到朋友，就爲朋友祈禱。任何事都朝好的方向想，在還沒死前多念幾聲佛，即使多念一聲也好。」

我勸他活著的時候多念佛，到西方極樂世界的時候蓮品也會高升一些。後來這位老人家的身體漸漸地健康起來，也覺得活著是很有意義了。

如何不等死、不怕死？

問：有些人因為來不及在往生前交代清楚身後事，使家人在悲傷處理喪葬事宜外，還得為了設法避免外界的閒言閒語或是求心安，選擇求神問卜。究竟有哪些事宜是我們生前應該先準備好，才能避免一些不樂見的事情發生？

答：了解死亡，就不怕死亡。要做到不等死、不怕死，前提就是要正確認識死亡，並隨時做好死亡的準備。我們人一出生就註定逃不過面對死亡的到來，只是有人早一點、有人遲一點。

把該做的事趕快做完，或是一年預立一次遺囑，清楚交代財物、喪葬和遺願等處理方式讓親友們知道，才不致於死後還爲生者留下一堆疑問，增添親友的麻煩。

準備死亡就是準備結束這段人生旅程，展開下一段的旅程。如果能夠平安離開現階段的旅程，又安然地到達另一個階段，這樣最好。

問：儘管在佛法上或心靈上得到慰藉與理解，但面對親人往生的悲痛仍令人難以承受，總希望能盡量幫助往生的親人，讓他「一路好走」。當下身為家屬的該怎麼面對，才是正確的呢？

答：面對親人往生時，能保持心情平靜是很難的，一定會傷心哭泣，這是人之常情，在所難免。親情難忘，做到不傷心流淚並不容易，但是希望哭泣時能夠忍耐一些，暗暗地哭，不要痛哭失聲。

此外，最好馬上觀想有阿彌陀佛來接引往生者，能夠這麼想，心裡的痛苦就能減少，因爲既然有阿彌陀佛來接引你的親人，就不會放心不下了。

當親人尚在彌留階段時，最好叮嚀他不要理會任何幻境，只讓阿彌陀佛接引。這樣一方面可以安慰即將往生者，另一方面求佛來接引他，這個力量很有用，而且很重要。

問： 當親人即將往生時，在精神上我們求佛、觀想佛來接引他，而實體的身軀又該如何移置，才是好的呢？

答： 眞正的死亡，是壽（生命）、煖（體溫）、識（心識）三者全部離開了身體。

有的往生者可能壽已經沒有了，煖也沒有了，但還執著於身體，不太願意別人觸碰他。還有，當煖還在的時候，往生者可能神經的感覺還在，仍會有疼痛或不舒服感，觸碰身體會讓他產生瞋恨心。

因此，不要觸碰剛往生者身軀的原因，就是爲了不要讓他的心產生瞋恨、不快樂、不舒服、惱怒等情緒，通常需要經過八小時後，再來移動他的身軀。

問：華人的傳統總是希望臨終者能在自家嚥下最後一口氣，這個想法是對的嗎？

答：傳統上，華人多希望能留一口氣回家往生，究竟有沒有意義呢？其實這是世俗的觀念，總覺得人死在家裡比較好，佛教並不強調這個想法。

事實上，現在歐美等國家，甚至現在的台灣，多半往生於醫院，從醫院直接送到殯儀館，然後就在火葬場火化，沒有堅持要回到家裡。

有的人死後神識馬上就離開了，就像業力特別重的人立即下地獄；有福報或是修行特別深厚的人，則馬上生天或生佛國。所以，有沒有留一口氣回到家，便不重要了。

問：死亡是千古以來，人類不輕易觸碰的生命難題。埃及金字塔、中國秦代兵馬俑等，都是古代帝王耗費數十年時間，為自己的身後事所精心準備的曠世陵墓和陪葬物，想問：「人為什麼怕死呢？」

答：人們懼怕死亡，是因爲不知道死後的「我」是不是還存在？如果能知道自己死後有地方可去，而且去的地方可能比現在更好，那又何必畏懼死亡呢？或者，死後另外一段生命現象正等待著我們出生，又爲什麼要害怕死亡呢？

生命就好似一段旅程，如同我從台北到美國旅遊，我在台北的家是這個模樣，到美國之後的家又是另一個樣子。若我們把死亡當作一個階段的結束，接下來再到另外一個地方旅遊，而且是我們自己願意、希望去的地方，能夠這樣想，死亡就一點也不可怕了。

特別是有宗教信仰的人，死亡是爲了達成自己的願心，願到佛國淨土。既然已經到了佛國淨土，那裡比這個世界好得多，又何必害怕死亡？如果因願力而在人間度眾生，並且要到人間最窮苦、災難最多的地方，去幫助那些貧窮、困苦、潦倒又沒人關懷的人，乘願而去救濟眾生，雖然生活很辛苦也會甘之如飴。一切端看我們存著什麼心？若是前往自己本身想要去的地方，就沒有什麼好畏懼的了。

身後事，怎麼辦？

問：華人傳統上對「死相」有些忌諱，例如認為壽終正寢是好的，意外橫死是不好的。這樣的分別有其道理嗎？

答：「慘死」讓人感覺很可怕，「壽終正寢」則是每個人都希望的。其實，死亡就是死亡，本質上完全相同，並沒有什麼善終較好、凶死不好的區分。

或許我們會覺得凶死很慘，但是有些凶死死得很快，痛苦很短暫；有的善終，卻是纏綿病榻好幾年，不但拖累家人，自己也很痛苦，這樣乍看之下好似善終，其實是不是在受苦呢？

雖然佛教徒並不希望自己不得善終，但是佛教徒看待死亡是平等的。《藥師經》裡雖有講到意外、災難的死亡，或是凶險的死亡等「九種橫死」，但是有些災難、凶險的死亡是爲了救人，他是菩薩示現，是代眾生受苦，讓後人知所警惕，並給世人前車之鑑，那是一種教材，爲什麼一定要說他死得可憐呢？不論是在九二一大地震、南亞海嘯，或是四川汶川大地震中的罹難者，我說，要將這些受苦受難的人看作是「大菩薩」。

問：民間辦喪事的習俗，從「頭七」做到「七七」，這四十九天的中陰身就是等待緣與業力的時間。在這重要的四十九天裡，除了給亡者祝福，我們生者可為亡者的來世幫上什麼忙？

答：在這四十九天之內最好是能夠幫亡者做超度、布施供養，以及誦經、念佛等佛事。超過四十九天以後，亡者可能已經投生，我們幫他做的功德，效果還是有的，只是沒有四十九天以內的作用大。

可惜我們現在的民間信仰多是做給活人看的，對於往生者較無意義。譬如家有往生者，還在辦喪事中，家人還大吃大喝、大魚大肉，殺生、浪費對往生者來說是一種折福，而不是培福。因此，應該多做布施，把節省下來的喪葬費，用於贊助慈善活動，或者家人去當義工，做一些有意義的事。

當然，亡者的家屬最好持續地爲他誦經、念佛和拜佛，讓亡者感應並跟著念，至少亡者聽後能心開意解而轉生善道，轉生爲人或者是生天、到佛國淨土。這些就是往生者家屬應該做的。

問：為亡者助念是祝福死者轉念超生，也使生者安心無罣礙。可是有些人如果生前惡業深重，家人對他的助念依然有用嗎？

答：造大惡業的人一旦死亡就到地獄去，而造大善業的人則生天。學佛學得很精進的人，也就是修佛國淨土業修得相當深厚的人，死後馬上前往佛國淨土。

所以臨終之前，親友就應該開始爲即將往生者助念、念佛號。不論是念「阿彌陀佛」或「觀音菩薩」等聖號，都可以幫助亡者順利前往西方極樂世界。

作惡的人在臨終時，更需要別人的助念，助念的用意是幫助他轉念，轉念能使他不因惡業很重而墮入地獄。所以，即使是造了惡業的人，助念還是能幫助他有轉變的機會。無論如何，在臨終以後的八小時之內，家人持續念誦佛號，一定能給予亡者慰藉。

至於現代人常常自己不念，或請別人代勞，或播放錄音佛號，這些都沒有家人親自助念的力量來得大。

問：請問法師，您對民間一些所謂牽亡魂的看法如何？而佛教所舉行的法會，對亡者又有何幫助呢？

答：很多人在親人往生後由於心裡難受，不惜借助民俗方法，如舉行牽亡魂或觀落陰等，只求再見逝去的親人一面。這些其實只是一種把戲，人死後可能在中陰身階段就已經投生去了，有的到了天國、有些則往生佛國，或者進入鬼道、落入地獄道，根本不可能出來。所以牽亡魂或觀落陰，眞實的成分並不多，大部分都是假的。

對於死亡一事，世界各民族有不同的靈異傳說。事實上，人往生以後多半是單獨存在的，除非是某個地方正在做佛事、超度、誦經、迴向、供養等，各個靈體受到佛法的影響才會接踵而至，他們彼此並不是有組織的，只是暫時聚集起來。

例如當道場寺院在拜梁皇寶懺、水懺，或是舉行水陸法會、放焰口時，就會聚集許多靈體。他們生前沒有學佛，死後因著善根以及佛菩薩的超度，在經過做佛事的地方時，多少會有些感應而來聆聽佛法。

這些靈體可能會停留一段時間，也可能只是聽一聽、得到一點利益便離開。聽聞佛法可以讓他們放下憂愁、怨恨，離開後可能就轉生去了。

問：以往華人習慣土葬，現在已逐漸接受火葬等不同的殯葬方式。人們對於喪葬程序多會堅持某些民間習俗，究竟怎麼做對生者和亡者才是最適宜的？

答：葬禮以隆重莊嚴爲第一個原則，但也應力求簡樸，讓亡者有尊嚴。參與葬禮的人感覺到亡者的尊嚴，也讓亡者的親友們也有尊嚴，這就是最好的一種葬禮。

所謂隆重莊嚴是什麼意思呢？就是可以感覺到亡者是安詳、平靜地往生西方，親友們齊聚一起懷念他，而他也只是向大家告別，通知大家他要前往另外一個國度，展開下一段旅程罷了。

我們為亡者舉行喪禮時，應該抱持著祝福的心情，將其當成舉辦一場送行的儀式一樣。

問：在大自然中，花木、動物死亡之後，都回歸到大自然，成為滋養萬物的養分。法師近年來也極力提倡合乎環保的葬禮，可否請法師為我們詳細說明？

答：世界各國的葬禮，大致可分為土葬、火葬、水葬、天葬等形式；天葬是給鳥獸吃，水葬是投於江、河、湖、海中。

現代人常見的作法有兩種，一種是火葬，將骨灰裝入骨灰罈；另一種是土葬，一般會在三年後進行撿骨，把骨頭放到骨灰罈，再置於靈骨塔。在台灣有一種特殊的文化現象，很多人不但自己買塔位，也常爲親朋好友購買，甚至當作投資理財來操作。

而在印度，火葬後通常是將骨灰灑入大海或恆河裡，也有灑在山上的。釋迦牟尼佛火葬以後，就是將骨灰、舍利灑在恆河兩岸，所以釋迦牟尼佛並沒有所謂全屍葬在哪裡，只是後來大家將舍利拿去供養了。

舍利是一種紀念物，因爲佛已經涅槃了，不知道怎樣懷念他，就拿佛的舍利子來供養，所以到現在爲止一直有供養舍利的習慣。

另外在中國，和尚死了以後要坐缸、入塔，依他原來打坐的姿勢，把他放入缸中，上面置放另一支缸，兩支缸的缸口相疊後封起，然後有的以土葬方式將缸埋進地底，有的則是建塔放在塔中，例如慈航法師就是這樣的方式。

中國還有一種樹葬，即人死後把骨灰埋在土裡，上面種一棵樹，把這棵樹當成亡者的紀念品。但是這樣做會有個問題，萬一樹死了怎麼辦？或者是種了一棵樹之後，其他人就不能再埋，每個人的骨灰都必須占有一個空間，這好像也不理想。也有的人是花葬，在上面種花，那這塊地以後永遠要種花了，似乎也會有問題。

至於現在提倡的灑葬，是把骨灰灑在陸地上或海裡；植葬則是將骨灰植入土壤之中，讓它自然分解，回歸大地懷抱。植葬的方式是將骨灰碾得細細的，然後挖坑種入泥土裡，經過一段時間，自然分解後的骨灰粉末就會和土壤完全融合，回歸到大自然中。經過重新改造後的這片土壤，又可以再次植葬，這種葬法是最經濟、最不占空間的，可以永遠一直葬下去。

國家圖書館出版品預行編目資料

生死皆自在：聖嚴法師談生命智慧／聖嚴法師著；
-- 初版. -- 臺北市：法鼓文化,
2009.9；面； 公分. --（人間淨土；22）

ISBN 978-957-598-483-0（平裝）

1.生命教育　2.生活指導　3.文集

225.87　　98015584

人間淨土 22

生死皆自在
——聖嚴法師談生命智慧

著者／聖嚴法師
出版／法鼓文化
總監／釋果賢
總編輯／陳重光
編輯／李金瑛、李書儀
封面設計／蕭雅慧
內頁美編／連紫吟、曹任華
地址／臺北市北投區公館路186號5樓
電話／(02)2893-4646　傳真／(02)2896-0731
網址／http://www.ddc.com.tw
E-mail／market@ddc.com.tw
讀者服務專線／(02)2896-1600
初版一刷／2009年9月
初版十一刷／2023年5月
建議售價／新臺幣180元
郵撥帳號／50013371
戶名／財團法人法鼓山文教基金會—法鼓文化
北美經銷處／紐約東初禪寺
Chan Meditation Center (New York, USA)
Tel／(718)592-6593　E-mail／chancenter@gmail.com

法鼓文化